Cet ouvrage a été réalisé par une équipe constituée autour du Grand Chancelier de la Légion d'honneur et comprenant :

Le Secrétaire général de la Grande Chancellerie.
Le Secrétaire général adjoint de la Grande Chancellerie.
Le Directeur de cabinet du Grand Chancelier.
Le Chef de cabinet du Grand Chancelier.
L'Aide de camp du Grand Chancelier.
La Surintendante des Maisons d'Éducation de la Légion d'honneur.
L'Intendante générale de la Maison d'éducation des Loges.
Le Conservateur du Musée National de la Légion d'honneur et des Ordres de chevalerie.
Le Président de la Société d'Entraide des Membres de la Légion d'honneur.

Avec les témoignages de :

– Jean Bernard, professeur, membre de l'Académie française
– Ambroise-Marie Carré, écclésiastique, membre de l'Académie française
– Maurice Druon, secrétaire perpétuel de l'Académie française, ancien ministre
– Jean-Claude Killy, ancien champion olympique de ski
– Philippe Morillon, général d'armée (2S)
– Jacqueline de Romilly, membre de l'Académie française
– Léopold Sèdar Senghor, ancien Président de la République du Sénégal, membre de l'Académie française
– Pierre Sudreau, ancien ministre

Les droits d'auteur sont intégralement versés à la Grande Chancellerie de la Légion d'honneur pour les œuvres sociales du Grand Chancelier

Pages de garde de début :
Le palais de Salm, siège de la Grande Chancellerie de la Légion d'honneur.

Pages de garde de fin :
Les demoiselles de la Légion d'honneur sous les lustres de l'Élysée.

Conception et réalisation : Lavauzelle
Couverture de l'ouvrage SIRPA (Benjamin Ribeau)
Édition corrigée

lavauzelle

L'Ordre de la Légion d'honneur

à l'aube du 3ème millénaire

Préface du Président de la République

LE PRÉSIDENT DE LA RÉPUBLIQUE

Une croix blanche suspendue à un ruban rouge qui rassemble toutes celles et tous ceux dont les services éminents font la fierté de la France.

Une croix blanche et un ruban rouge qui désignent l'excellence au service du Pays.

Une petite croix au ruban rouge dont la résonance est universelle car elle distingue une élite de femmes et d'hommes qui, par leur courage, leur intelligence, leur dévouement et leur générosité, bâtissent, jour après jour et chacun dans leur domaine, l'avenir de la France.

Voilà ce que représente la Légion d'Honneur.

Insigne actuel de Grand'Croix de la Légion d'honneur

Cet excellent livre, réalisé puis enrichi sous la direction de mes proches prédécesseurs, permet d'embrasser d'emblée deux cents ans d'histoire de la France à travers celle de la Légion d'honneur, Ordre national qui jouit d'un incomparable prestige dans notre pays comme à l'étranger.

Cet Ordre a traversé le temps car il a su s'adapter aux évolutions majeures de la Société tout en restant fidèle aux principes qui ont présidé à sa création : universalité et égalité. La définition qu'en donnait Thiers est effectivement toujours d'actualité : « Une Institution qui tend à placer sur la poitrine du simple soldat, du savant modeste, la même décoration qui devait figurer sur la poitrine du chef d'armée, des princes, des rois ».

Des portraits de légionnaires français et étrangers illustrent et éclairent ce livre ; qu'ils servent d'exemple, ils le méritent bien, aux actuelles générations et accueillent auprès d'eux les nouveaux légionnaires, formant ainsi une cohorte sans cesse renouvelée au service de la France.

Général d'armée Jean-Pierre Kelche
Grand Chancelier de la Légion d'honneur
Chancelier de l'Ordre national du Mérite

Croix de la Légion d'honneur à sa création

L'HISTOIRE DE L'ORDRE

Parmi les institutions nouvelles dont le Premier Consul, bientôt devenu l'Empereur Napoléon Ier, dote la France, un certain nombre demeure aujourd'hui encore. On se limitera à quelques exemples célèbres, tels le Conseil d'Etat, les préfets, l'École spéciale militaire de Saint-Cyr, la Cour des Comptes, sans oublier... la Légion d'honneur, créée par la loi du 29 floréal an X (19 mai 1802).

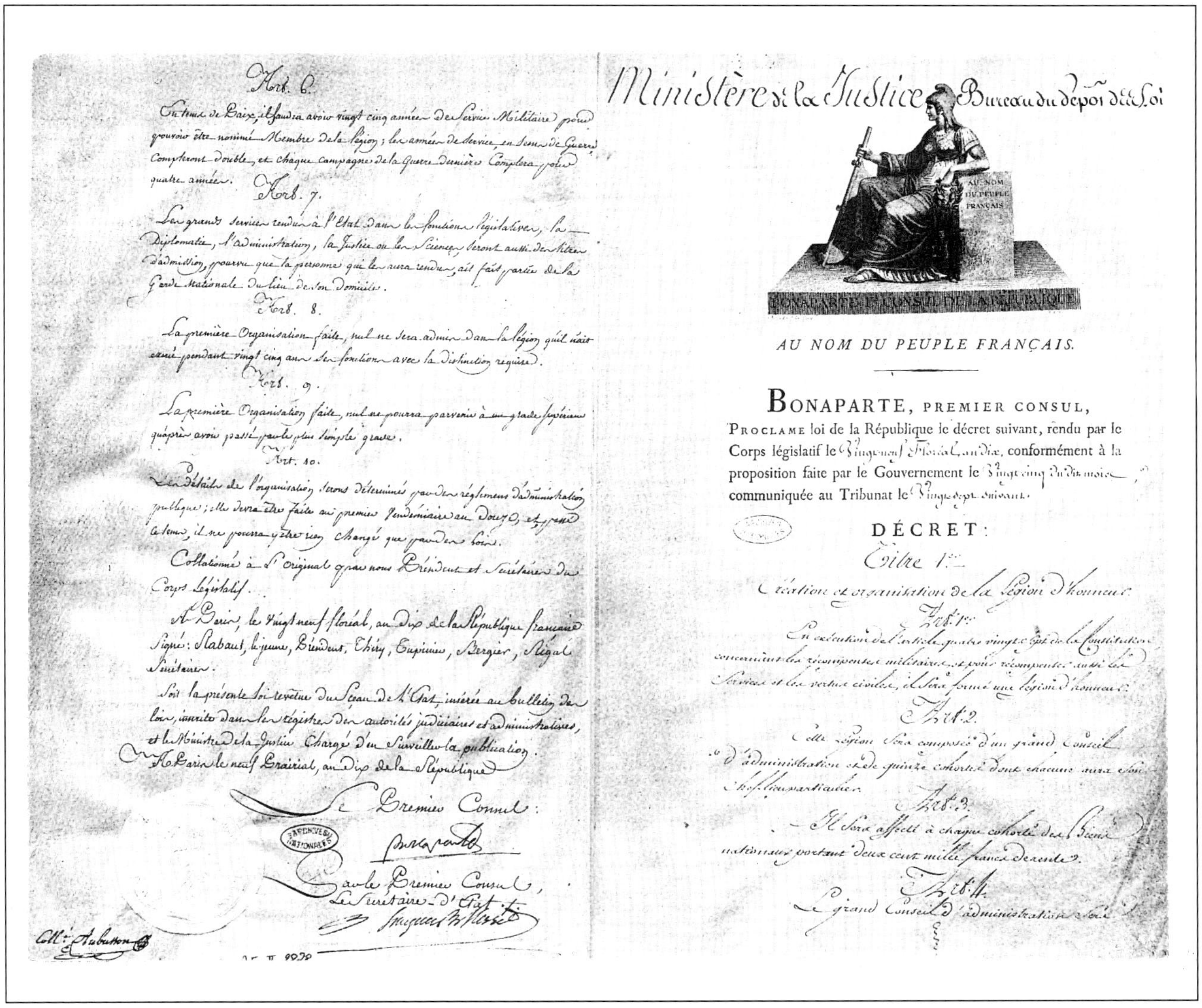

Minute de la loi du 29 floréal an X (19 mai 1802) portant création de la Légion d'honneur

Portrait de Bonaparte, Premier Consul par Yvon

Toujours en vigueur à ce jour, l'article 1er de ce texte dispose : « En exécution de l'article 87 de la Constitution concernant les récompenses militaires et pour récompenser aussi les services et les vertus civils, il sera formé une Légion d'honneur ».

Contrairement à l'idée aussi fausse qu'encore communément reçue, la Légion d'honneur, dès sa création, a donc eu mission de pourvoir à la récompense des mérites les plus élevés, qu'ils aient été acquis sous les armes ou bien à titre civil mais, dans l'une ou l'autre hypothèse, au service de la France.

Telle était d'ailleurs la volonté expresse du Premier Consul qui, le 4 mai 1802, déclarait au Conseil d'Etat : « Si l'on distinguait les hommes en militaires ou en civils, on établirait deux Ordres tandis qu'il n'y a qu'une Nation. Si l'on ne décernait des honneurs qu'aux militaires, cette préférence serait encore pire car, alors, la Nation ne serait plus rien ».

La Légion d'honneur est l'Histoire.

Elle est la Gloire.

Elle est la France.

L'Histoire, parce qu'elle a pris la suite, en quelque sorte, de l'Ordre de Saint-Louis, dont le ruban avait même couleur, et qui fut fondé par Louis XIV pour récompenser les services militaires sans tenir compte de la naissance, mais seulement des mérites.

La Gloire, parce que, instituée au début de l'épopée napoléonienne, elle bénéficie de la légende impériale, et parce qu'elle distingue, depuis lors, devenue premier Ordre national, tous les exploits de toute nature et en tous domaines.

Elle est la France, parce que depuis près de deux siècles, à travers tous les régimes, elle rassemble ceux qui ont contribué à sa grandeur, que ce soit sur les champs de bataille, ou dans la diversité des lettres, des arts, de la découverte, ou par le service de l'État, ou par une contribution remarquable à la prospérité du pays, ou par le dévouement aux grandes causes humaines.

Porter cette croix rend fier, assurément, mais modeste aussi quand on songe aux héros et aux génies sur lesquels elle a brillé.

La Légion d'honneur, c'est également l'avenir car, dans les Maisons d'Éducation qui dépendent de l'Ordre, elle forme continûment, descendantes de légionnaires, une élite de citoyennes, d'épouses, de mères, qui transmettent et transmettront les meilleures vertus de la Nation.

Maurice DRUON
Grand'Croix de la Légion d'honneur,
Secrétaire perpétuel honoraire de l'Académie française.

Profondément originale en cette matière, comme dans bien d'autres domaines, la pensée napoléonienne assignait, de la sorte et dès l'origine, des caractéristiques immuables à la Légion d'honneur : constituer une élite nationale vivante, ouverte à tous les Français, sans distinction de naissance, ni d'origine sociale, pourvu qu'ils eussent, au préalable, fait la preuve de talents et vertus éminents au bénéfice de la Nation une et indivisible.

« Je défie, déclarait en effet le Premier Consul, qu'on me montre une République ancienne ou moderne dans laquelle il n'y a pas eu de distinctions (...). Les Français (...) n'ont qu'un sentiment, l'honneur. Il faut donc donner un aliment à ce sentiment-là ; il leur faut des distinctions. »

Sans doute reconstituait-on ainsi clairement une élite, un « ordre restreint des meilleurs », toutes choses dont la Révolution avait décrété la suppression à partir de 1789. Mais s'il s'agissait assurément d'une nouvelle élite, celle-ci ne serait plus aristocratique ni héréditaire, à l'image de sa devancière d'Ancien Régime. Enfin, elle ne conférerait plus ni les exemptions ni les privilèges qui avaient, notamment, conduit ce dernier à l'impopularité précédant sa ruine.

Pour limitée qu'elle fût, cette rupture avec un égalitarisme exacerbé, développé à partir de 1792, allait rencontrer quelques difficultés. En témoigne notamment, le vote du projet de loi créant la Légion d'honneur que le Corps législatif n'adopta que par 166 voix contre 110.

La France renouait ainsi avec la collation de récompenses honorifiques, laquelle, depuis la plus haute antiquité, avait toujours accompagné la vie tourmentée des Etats et celle de leurs peuples respectifs.

Pour leurs gouvernants, il s'était, d'abord, agi d'accorder, sous des formes diverses, des marques d'estime ou d'honneur à ceux de leurs ressortissants qu'ils en jugeaient dignes.

A partir du Moyen Age, s'était toutefois imposée, une nouvelle conception de la récompense honorifique, qui, une fois conférée par le Souverain, ferait entrer à vie son récipiendaire dans une confrérie, un ordre restreint, groupé autour du Prince, présidé par lui et lié à lui par le serment individuel des membres de cette association dont la dénomination, la structure et les statuts empruntaient, le plus souvent, aux droit, vocabulaire et rites ecclésiastiques.

A titre d'illustrations de ce qui précède, on pourra citer les exemples célèbres de l'Ordre anglais de la Jarretière, institué au tout début de la guerre de Cent Ans et de celui de la Toison d'Or créée, à l'époque de leur éphémère splendeur, par les Ducs de Bourgogne, ces deux Ordres subsistant encore de nos jours.

Pendentif de l'Ordre de la Toison d'or (Espagne)
du Prince Impérial
XIXe siècle

A l'occasion des croisades successives, de multiples ordres chevaleresques, militaires, religieux et charitables, voyaient ainsi le jour un peu partout en Occident parmi lesquels il convient de citer les célèbres Chevaliers du Saint-Sépulcre, ceux de Rhodes, ceux de Malte, ceux du Temple ou encore les Chevaliers Teutoniques.

Les Souverains français, après s'être employés à attirer et à fixer en leur Royaume divers membres des Ordres hospitaliers existants, ne pouvaient pas, néanmoins, ne pas se rendre rapidement compte de l'avantage et de l'utilité qu'il y aurait pour eux à créer, autour de leur personne, un ou plusieurs ordres ne dépendant que d'elle afin de renforcer leur autorité sur sur leurs sujets et de stimuler avec éclat l'attachement et le zèle des meilleurs d'entre eux.

Ce fut dans cet esprit que le 1er août 1469, Louis XI fondait l'Ordre de Saint-Michel et que le 31 décembre 1578, Henri III instaurait l'Ordre du Saint-Esprit dont la distinction pourrait être conférée et aux ecclésiastiques et aux laïcs, étant, par ailleurs, décidé que tout Chevalier admis dans le Saint-Esprit, qui n'appartiendrait pas déjà à l'Ordre de Saint-Michel, serait reçu dans celui-ci à la veille de son entrée dans celui-là pour avoir, dès lors, le droit d'arborer le titre convoité de « Chevalier des Ordres du Roi ».

Collier de l'Ordre du Saint-Esprit

Collier de l'Ordre de Saint-Michel

Philippe Joseph Perrotin de Barmond en costume de l'Ordre de Saint-Michel, XVIIIe siècle

Le comte de Clermont-Tonnerre en grand costume de l'Ordre du Saint-Esprit, XVIIe siècle

Louis XIV allait, pour sa part, créer, en 1693, l'Ordre militaire de Saint-Louis, réservé aux plus braves de ses officiers, à la condition expresse qu'ils fussent catholiques et c'est pourquoi son successeur, Louis XV, instaurait, en 1759, l'Ordre du Mérite militaire, réservé aux « étrangers » puisque depuis la révocation de l'Édit de Nantes (1685), aucun huguenot français, sauf à se convertir au catholicisme, ne pouvait plus obtenir un quelconque grade au sein des armées royales.

Dès 1789, l'Assemblée nationale constituante, dans l'esprit de la célèbre nuit du 4 août, allait anéantir la quasi-totalité des Ordres de l'Ancien régime, même si l'Ordre de Saint-Louis, rebaptisé « Décoration militaire » devait subsister formellement jusqu'à l'avènement de la Convention.

*
* *

La loi de 1802 ainsi votée composait le Légion d'honneur d'un « grand conseil d'administration » et de seize cohortes. Le Premier Consul était, de droit, « chef de la Légion » et président du grand conseil, lequel nommait les membres de la Légion d'honneur, astreints au serment et dont chacun recevait un traitement.

Sous la direction du grand conseil d'administration, l'Ordre était peu à peu mis en place, à partir de 1803, rencontrant assez rapidement la faveur de l'opinion. Ainsi, le 14 août de cette même année le « citoyen » Lacépède était-il nommé Grand Chancelier et l'année suivante, faisait-il fixer sa résidence et le siège de l'administration de la Légion d'honneur en l'hôtel érigé par le Prince de Salm. Cet hôtel abrite depuis la Grande Chancellerie, l'administration et les archives de celle-ci.

Le comte de Lacépède (1756-1825), premier Grand Chancelier par Louis Hersent

Un décret impérial du 12 juillet 1804 arrêtait les formes et attributs de la décoration et trois jours après, avait lieu aux Invalides, une cérémonie grandiose au cours de laquelle le nouvel Empereur reçut le serment des nouveaux Légionnaires désignés l'année précédente en deux promotions, la première militaire, la seconde civile, tandis que le 16 août de cette même année, au camp de Boulogne, l'Empereur décorait officiers et soldats en leur remettant des croix puisées dans des armures, dont les casques et cuirasses de Bayard et de Duguesclin.

Ayant fermé les couvents et dispersé les congrégations de femmes, alors exclusivement chargées de l'instruction des jeunes filles, la Révolution ne s'était guère souciée de celles-ci, alors qu'elle se trouvait confrontée à maintes autres difficultés d'un caractère autrement plus pressant.

Aussi Napoléon Ier songea à y pourvoir, notamment pour les descendantes, souvent orphelines, des Légionnaires et le 15 décembre 1805, un décret impérial ordonnait l'établissement de maisons d'éducation pour les filles des membres de la Légion d'honneur.

Pas plus que la première, la seconde Restauration n'allait remettre en question la Légion d'honneur dont la Charte, octroyée par Louis XVIII en 1814 à son retour d'exil, confirmait même expressément le maintien.

Il apparaissait, en effet, qu'auréolée de gloire, chargée de souvenirs autant que d'héroïsme, cette jeune institution — qui comptait 35000 Légionnaires en 1814 — ne saurait être supprimée d'un trait de plume, toute indissolublement liée à la personne de son fondateur et à l'épopée impériale qu'elle apparût déjà.

Cérémonie de remises de la Légion d'honneur au camp de Boulogne-sur-Mer le 16 août 1804 (tableau de Fournier d'après Hennequin)

Au reste, en chargeant le Maréchal Mac Donald, duc de Tarente, de succéder à Lacépède, le monarque restauré s'employait à reconcilier passé et avenir en la personne du premier dignitaire de l'ordre.

Il est à noter que, sous l'impulsion de ce valeureux soldat d'Empire, la Légion d'honneur se voyait dotée d'un nouveau statut par l'ordonnance du 24 mars 1816. Il la régirait jusqu'en 1852.

En 1848, l'Assemblée constituante de la IIe République s'abstenait de mettre en cause l'existence de la Légion d'honneur, qui se trouvait, dès le 10 décembre de cette même année, confortée par l'élection du neveu de l'Empereur à la Présidence de la République.

Par ailleurs, le 22 janvier 1852, le Prince-président créait la Médaille Militaire, récompense destinée aux soldats et sous-officiers et dotée, au surplus, d'une originalité quasiment unique qui lui permet, sous certaines conditions, d'être la plus haute récompense décernée à un soldat puisqu'elle peut être concédée à des officiers généraux ayant exercé, en temps de guerre, un commandement en chef devant l'ennemi ou qui ont rendu des services exceptionnels à la défense nationale.

« Légion d'honneur du sous-officier », la Médaille Militaire, dont la gestion et la discipline furent confiées à la Grande Chancellerie, ne porterait, toutefois, pas atteinte à l'Ordre national et n'en constituerait pas davantage un second, même si cette nouvelle récompense ne tardait pas à être convoitée, ce qu'elle est, au reste demeurée.

Insignes de la Médaille Militaire du Second Empire et de la République

Par ailleurs, avant de devenir Napoléon III, Louis-Napoléon Bonaparte, par un décret organique du 16 mars 1852, donnait à la Légion d'honneur un nouveau statut qui allait la régir jusqu'à la promulgation de son Code actuel en 1962.

Après la chute du second Empire, le 28 octobre 1870, le gouvernement de la Défense nationale décrétait certes le maintien de la Légion d'honneur, mais uniquement, désormais, à titre de récompense militaire, tout en donnant à ses insignes leur aspect quasi actuel.

Lors de la « semaine sanglante » qui vit la fin de la Commune de Paris, le Palais de Salm était incendié le 23 mai 1871, ce qui entraînait, outre sa destruction, l'anéantissement de toutes ses archives.

Le Général Vinoy (1803-1880)

Avec le seul concours des Légionnaires, par le moyen d'une souscription nationale, le Grand Chancelier de l'époque, le Général Vinoy, s'attacha, dès 1872, à reconstruire le siège et le cœur de la Légion d'honneur, tandis que l'année suivante, la loi rendait au premier Ordre national son caractère de récompense civile et militaire suprême qu'elle n'a cessé de conserver jusqu'à nous.

A l'orée du XXe siècle, quelque 45000 Légionnaires composaient l'Ordre national pour une population un peu supérieure à 38 millions. Ils étaient 50.000 environ lorsque, le 3 août 1914, éclatait la Première Guerre mondiale pour notre pays.

L'endurance, la ténacité et l'héroïsme dont des millions de Français allaient faire la preuve pendant plus de quatre années consécutives conduisirent la Légion d'honneur à leur faire une place en son sein qu'il eût été impossible de prévoir peu auparavant.

Il doit être rappelé qu'entre les deux guerres mondiales et par souscription lancée en 1921 à nouveau parmi les Légionnaires, la Grande Chancellerie se dotait d'un musée, inauguré en 1925, seul établissement public qui soit aujourd'hui consacré en France à l'histoire des distinctions nationales françaises et étrangères.

Dès avant la cessation des combats en Algérie en 1962, il apparaissait indispensable, d'une part, de doter la Légion d'honneur d'un nouveau statut qui restaurerait pleinement son prestige, notamment, par une plus grande rareté d'attribution, dans des conditions nettement et clairement précisées et d'autre part, de créer un second Ordre national français, certes ouvert lui aussi à tous, mais dont l'attribution, plus aisée, permettrait également à la Légion d'honneur de n'être, désormais, vouée qu'à la récompense des seuls mérites véritablement éminents et partant de constituer à nouveau et sans conteste, la vivante élite de la Nation selon la volonté et l'expression mêmes du Général de Gaulle.

Sous la vigoureuse impulsion du Grand Chancelier de l'époque, le Général Catroux, était donc élaboré un Code de la Légion d'honneur et de la Médaille Militaire qui prit, le 28 novembre 1962, la forme d'un décret en conseil des ministres signé du Général de Gaulle, de Georges Pompidou, de l'ensemble du gouvernement et fut publié le 7 décembre 1962 au Journal Officiel.

DÉCRET N° 62-1472 DU 28 NOVEMBRE 1962

portant code de la Légion d'honneur et de la médaille militaire

(*Journal officiel* du 7 décembre 1962)

Le Président de la République,

Sur le rapport du Premier ministre, du garde des sceaux, ministre de la justice, du ministre des affaires étrangères, du ministre des armées, du ministre des finances et des affaires économiques, du ministre des anciens combattants et victimes de guerre et du secrétaire d'Etat auprès du Premier ministre, chargé de la fonction publique,

Vu la Constitution, et notamment son article 37 ;

Vu l'article 1er de la loi du 29 floréal an X ;

Le Conseil d'Etat entendu ;

Le conseil des ministres entendu,

Décrète :

Article 1er

Il est institué un code de la Légion d'honneur et de la médaille militaire, conformément au texte annexé au présent décret.

Ce code ne peut être modifié ou complété que par décret pris en Conseil d'Etat et en conseil des ministres.

Article 2

Sont abrogés, pour autant qu'ils concernent la Légion d'honneur et la médaille militaire :

Les arrêtés du 13 et du 23 messidor an X ;
La loi du 9 juillet 1836, article 17 ;
Le décret du 22 janvier 1852, article 11 ;
Le décret du 29 février 1852 ;
Le décret du 16 mars 1852 ;
Le décret du 24 novembre 1852 ;
Le décret du 14 mars 1853 ;
Le décret du 10 juin 1853 ;
Le décret du 31 janvier 1870 ;
Les décrets du 8 novembre 1870 ;
La loi du 25 juillet 1873 ;
Le décret du 14 avril 1874 ;
Le décret du 9 mai 1874 ;
La loi du 29 juillet 1881, article 12 ;
Le décret du 8 novembre 1883 ;
Le décret du 10 mai 1886, article 1er (partie) ;
La loi du 4 juillet 1890 ;
La loi du 16 avril 1895, article 34 ;

Reproduction partielle du texte constitutif de la Légion d'honneur et de la Médaille Militaire

Le même et unique Code se substitue ainsi à une réglementation complexe et éparse dans près de 80 arrêtés, lois, ordonnances, décrets encore en vigueur en 1962 et intervenus entre l'an X (1802) et 1961.

Loin toutefois d'être une simple compilation modernisée de ces derniers, il tend, comme on l'a déjà dit et ainsi que le rappellera l'année suivante (1963) l'exposé des motifs du décret portant création d'un Ordre national du Mérite, à « restituer à notre premier Ordre national le prestige qui doit être le sien et arrête à cette fin un certain nombre de mesures dont l'effet est notamment d'en réserver l'attribution à la reconnaissance de mérites éminents ».

Le 3 décembre 1963, fut donc créé l'Ordre national du Mérite destiné à la récompense des mérites distingués (et non éminents). Son Chancelier est de droit le Grand Chancelier de la Légion d'honneur et son Grand Maître également le Chef de l'État, tandis que son administration est confiée à la Grande Chancellerie qui, sauf exceptions, l'exerce selon les règles applicables au premier Ordre national.

Aux côtés de celui-ci le second Ordre national, qui comporte aujourd'hui plus de trente ans d'existence a rapidement su trouver une place et acquérir un prestige certain au sein de la société française.

DÉCRET N° 63-1196 DU 3 DÉCEMBRE 1963

portant création d'un ordre national du Mérite (1)

(*Journal officiel* du 5 décembre 1963.)

RAPPORT AU PRÉSIDENT DE LA RÉPUBLIQUE

Monsieur le Président,

La création d'un second ordre national s'inscrit dans un plan d'ensemble de revalorisation des décorations, dont la promulgation du code de la Légion d'honneur et de la médaille militaire a marqué la première étape.

Le nouveau statut de la Légion d'honneur, en date du 28 novembre 1962, restitue à notre premier ordre national le prestige qui doit être le sien, et arrête à cette fin un certain nombre de mesures dont l'effet est notamment d'en réserver l'attribution à la reconnaissance de mérites éminents.

∴

L'objet du présent décret est de parachever l'œuvre entreprise par l'institution d'un second ordre national. Il est apparu souhaitable en effet de donner au Gouvernement le moyen de récompenser des mérites ne présentant pas toutes les qualifications requises pour la Légion d'honneur, et de faciliter, dans certains cas, l'octroi de décorations à des personnalités étrangères.

Cet ordre national nouveau s'intitulera l'ordre national du Mérite. Distinct de la Légion d'honneur par son objet, il récompensera les mérites distingués et non plus éminents ; il a en propre son organisation, sa discipline et sa hiérarchie ; il est doté d'un conseil de l'ordre distinct, mais présidé par un chancelier qui est en même temps le grand chancelier de la Légion d'honneur, son grand maître étant naturellement le Président de la République. L'administration en est organiquement confiée à la grande chancellerie de la Légion d'honneur. Il est composé de chevaliers, d'officiers, de commandeurs ; les dignitaires de l'ordre sont les grands officiers et les grand'croix. Les membres de l'ordre du Mérite sont nommés dans

(1) *Modifié et complété par :*
Décret n° 68-828 du 19 septembre 1968 (*J.O.* du 25 septembre 1968) ;
Décret n° 73-708 du 13 juillet 1973 (*J.O.* du 21 juillet 1973) ;
Décret n° 73-1065 du 28 novembre 1973 (*J.O.* du 30 novembre 1973) ;
Décret n° 74-1119 du 24 décembre 1974 (*J.O.* du 2 décembre 1974) ;
Décret n° 78-996 du 3 octobre 1978 (*J.O.* du 8 octobre 1978) ;
Décret n° 80-486 du 30 juin 1980 (*J.O.* du 1er juillet 1980) ;
Décret n° 81-999 du 9 novembre 1981 (*J.O.* du 11 novembre 1981) ;
Décret n° 81-1104 du 4 décembre 1981 (*J.O.* du 17 décembre 1981) ;
Décret n° 90-29 du 5 janvier 1990 (*J.O.* du 10 janvier 1990).

Reproduction partielle du texte constitutif de l'Ordre national du Mérite

Au terme du XXe siècle, la Légion d'honneur apparaît donc avoir pleinement retrouvé sa vocation et son rôle de distinction nationale civile et militaire la plus élevée, son prestige n'ayant cessé de croître tant à l'étranger que dans notre pays et l'on constate que si son attribution suscite parfois commentaires ou critiques, l'institution et la nécessité de celle-là sont peut-être moins contestées qu'elles ne le furent jamais auparavant.

Même si son nom, sa naissance et son renom restent indissolublement liés à l'homme de génie auquel elle les doit, la Légion d'honneur qui n'a jamais cessé d'exister depuis 1802, a pu fêter, son propre bicentenaire sans craindre de n'être alors qu'une des survivances d'un passé révolu mais avec maints espoirs et motifs de demeurer l'élite vivante, diverse et moderne d'une France qui ne le sera pas moins.

Ainsi, le premier Ordre national français, si souvent cité, envié ou imité, demeurera-t-il une des institutions les plus connues et des plus durables parmi toutes celles dont s'honore notre pays.

Insigne de Grand officier de l'O.N.M. (ancien modèle)

Insigne de Grand officier de l'O.N.M. (modèle actuel)

Deuxième centenaire de l'Ordre 1802-2002
Foulard "Légion d'honneur"

Maison LR

Il symbolise l'histoire de l'Institution depuis sa création le 19 mai 1802 jusqu'à nos jours.

En son centre la plaque de grand'croix (modèle actuel), dignité la plus élevée de l'Ordre et, disposés sur le ruban de moire rouge, les centres des principaux modèles des insignes depuis leur création : profil de Napoléon 1er et aigle impérial (avers et revers des modèles du Premier et Second Empires), les fleurs de lys (revers de la Restauration), les drapeaux entre-croisés (revers de la Monarchie de Juillet) et l'effigie de la République (Cérès) (modèle actuel). Ces médaillons alternent avec le chiffre du fondateur de l'Ordre.

LA GRANDE CHANCELLERIE et le FONCTIONNEMENT DE L'ORDRE

Palais de la Légion d'honneur, vue du XVIIIe siècle (côté Seine)

Peu après sa création, la Légion d'honneur a été installée dans le Palais de Salm, face au jardin des Tuileries en bordure de Seine, à proximité de la gare d'Orsay devenue Musée d'Orsay. Elle n'a depuis jamais quitté ce Palais.

LE PALAIS DE SALM

En 1782, Frédéric III de Salm-Kyrbourg, Prince de Salm de son titre du Saint Empire romain germanique, faisait l'acquisition auprès du Prince de Conti d'un terrain utilisé jusqu'alors comme chantier à bois en raison de sa situation sur la berge de la Seine.

Il y fit édifier un hôtel particulier, achevé en 1788, à la construction duquel les meilleurs artistes de l'époque contribuèrent et qui fut appelé « Palais de Salm ».

Frédéric III de Salm-Kyrbourg constructeur du Palais de Salm (1745-1794)

Entrée de l'administration de la Grande Chancellerie de la Légion d'honneur

Jeanne-Françoise de Salm-Kyrbourg (1765-1790)

Le vestibule du Palais

Le Salon des Maisons

Mais rapidement, aux poursuites des créanciers restés impayés, s'ajoutèrent les vicissitudes de la période révolutionnaire.

Le 23 juillet 1794, le Prince de Salm montait sur l'échafaud en même temps qu'Alexandre de Beauharnais. Il laissait alors le Palais de Salm à sa sœur qui se lia d'amitié avec Joséphine de Beauharnais et accueillit au Palais le futur Prince Eugène et la future Reine Hortense.

Ce fut, sans doute, par ce biais que le Palais fut acquis aux enchères publiques le 13 mai 1804 par Lacépède, alors premier Grand Chancelier de la Légion d'honneur, afin d'y abriter l'Ordre.

Après son incendie, lors de la Commune, le Palais fut reconstruit de 1872 à 1874 dans son intégralité.

Le Palais de Salm abrite aujourd'hui les salons de réception de la Grande Chancellerie, l'ensemble des services administratifs ainsi que le Musée de la Légion d'honneur et des Ordres de chevalerie.

Le Salon
des Grands Chanceliers

Le Salon de la Rotonde

Le Salon de l'Aurore

Salon de la Rotonde

La grande salle à manger

Le Salon des Muses

LES INSTITUTIONS DE LA LÉGION D'HONNEUR

Depuis la création de l'Ordre, le Chef de l'État – qu'il fut Premier Consul, Empereur, Roi, Président de la République – en a toujours été de droit Grand Maître.

Aujourd'hui, le Président de la République acquiert cette qualité dès la cérémonie d'investiture.

Cette cérémonie se déroule ainsi :

Après la proclamation du résultat officiel de l'élection par le Président du Conseil Constitutionnel, le Grand Chancelier de la Légion d'honneur s'adresse au Président de la République.

Il prononce les paroles rituelles suivantes : « Monsieur le Président de la République, nous vous reconnaissons comme Grand Maître de l'Ordre National de la Légion d'honneur » et présente au Président de la République, nouveau Grand Maître, le collier, insigne du Grand Maître de l'Ordre.

Après sa remise, le collier est déposé au Musée national de la Légion d'honneur.

Collier de la Légion d'honneur de Napoléon Ier

Collier de la Légion d'honneur de la IIIe République

Collier de la Légion d'honneur des IVe et Ve Républiques

Deuxième reconnaissance réglementaire de M. Jacques Chirac comme Grand Maître de la Légion d'honneur par le Grand Chancelier de celle-ci lors de la seconde cérémonie d'investiture du Chef de l'État le 16 mai 2002

GRANDE CHANCELLERIE DE LA LÉGION D'HONNEUR

ORDRE NATIONAL DE LA LÉGION D'HONNEUR

Procès-verbal de l'investiture de Monsieur le Président de la République française comme GRAND MAÎTRE de l'Ordre

L'an deux mille deux, le seize mai,

Nous, Général d'Armée Aérienne Jean-Philippe DOUIN, Grand Chancelier de la Légion d'Honneur,

Nous sommes présenté au Palais de l'Élysée, pour reconnaître comme GRAND MAÎTRE de l'Ordre, conformément à l'article R. 9 du Code de la Légion d'Honneur et de la Médaille Militaire institué par le décret 62-1472 du 28 novembre 1962, Monsieur Jacques CHIRAC, réélu Président de la République française.

Nous lui avons remis le GRAND COLLIER de l'Ordre en prononçant les paroles suivantes :

Monsieur le Président de la République, Nous vous reconnaissons comme GRAND MAÎTRE de l'Ordre National de la Légion d'Honneur.

Immédiatement a été dressé le présent procès-verbal que nous avons revêtu de notre signature.

Fait à Paris, les jour, mois et an que dessus.

LE GRAND MAÎTRE,

Scellé du Sceau de l'Ordre :
LE SECRÉTAIRE GÉNÉRAL,

LE GRAND CHANCELIER,

Le collier actuel, exécuté en 1953, a été remis le 1er décembre 1953 au Président Vincent Auriol, se substituant à celui de la IIIe République dont tous les maillons avaient été gravés. Il se compose de 16 médaillons, rappelant les 16 cohortes de la Légion d'honneur créées par Napoléon, inscrits dans des maillons formant une chaîne.

Il comporte en son centre un motif composé du monogramme HP (Honneur et Patrie) auquel est suspendue la croix de la Légion d'honneur.

Les 16 maillons portent à l'avers les attributs représentant les grandes activités de la Nation : armée, industrie et commerce, connaissance du monde, musique et peinture, sciences, architecture, œuvres sociales, littérature, médecine et chirurgie, agriculture, télécommunications, etc.

Au revers, les maillons portent les noms des Présidents de la République, gravés avec la date de leur accession à la Grande maîtrise de l'Ordre : Vincent Auriol 1947, René Coty 1954, Charles de Gaulle 1959, Charles de Gaulle 1965, Georges Pompidou 1969, Valéry Giscard d'Estaing 1974, François Mitterrand 1981, François Mitterrand 1988, Jacques Chirac 1995, Jacques Chirac 2002.

Il reste aujourd'hui 6 maillons vierges.

Grand Maître de la Légion d'honneur, et à ce titre Grand'Croix de la Légion d'honneur, également Grand Maître de l'Ordre national du Mérite, le Président de la République statue en dernier ressort sur toutes les questions concernant l'Ordre.

Sous l'autorité du Grand Maître, l'Ordre est dirigé par le Grand Chancelier de la Légion d'honneur, nommé pour six ans selon les dispositions de l'article 13 de la Constitution.

Collier de la Légion d'honneur des IVe et Ve Républiques (détail)

Ses attributions sont nombreuses : administration de l'Ordre, dont il est dépositaire du sceau, visa pour exécution des décrets relatifs à la Légion d'honneur, présidence du Conseil de l'Ordre, tant pour l'examen des propositions que pour la discipline de l'Ordre, désignation des membres de l'Ordre chargés de recevoir les nouveaux nommés ou promus, autorisation du port des décorations étrangères, signature des brevets, autorité sur les Maisons d'Éducation...

Le temps a accru les attributions du Grand Chancelier : il est devenu, à la création de cet Ordre, Chancelier de l'Ordre national du Mérite, il gère la Médaille Militaire, dirige le Musée de la Légion d'honneur et des Ordres de Chevalerie.

Le Grand Chancelier est également consulté, dans le souci d'harmoniser le système des décorations, sur toute question de principe relative aux décorations, à l'exception de celles ayant trait à l'Ordre de la Libération et à la Médaille de la Résistance.

Ces deux décorations relèvent en effet de la seule compétence du Chancelier de l'Ordre de la Libération.

LISTE DES GRANDS CHANCELIERS DEPUIS LA CRÉATION DE L'INSTITUTION

Bernard de la Ville-sur-Illon, comte de Lacépède	3 fructidor An XI
Monseigneur Dominique Dufour, baron de Pradt	6 avril 1814
Lieutenant-Général, comte Louis de Bruges	3 février 1815
Bernard de la Ville-sur-Illon, comte de Lacépède	13 mars 1815
Maréchal Jacques MacDonald, duc de Tarente	2 juillet 1815
Maréchal Edouard Mortier, duc de Trévise	11 septembre 1831
Maréchal, comte Maurice Gérard	4 février 1836
Maréchal Charles Oudinot, duc de Reggio	17 mars 1839
Maréchal, comte Maurice Gérard	21 octobre 1842
Général de division, baron Jacques Subervie	19 mars 1848
Maréchal, comte Gabriel Molitor	23 décembre 1848
Maréchal, comte Rémy Exelmans	15 août 1849
Général de division, comte Philippe d'Ornano	13 août 1852
Charles Lebrun, duc de Plaisance	26 mars 1853
Maréchal Aimable Pélissier, duc de Malakoff	23 juillet 1859
Amiral, baron Ferdinand Hamelin	24 novembre 1860
Général de division, comte Auguste de Flahaut	27 janvier 1864
Général de division Joseph Vinoy	6 avril 1871
Général de division Louis Faidherbe	28 février 1880
Général de division Victor Février	10 octobre 1889
Général de division Léopold Davout, duc d'Auerstaedt	5 décembre 1895
Général de division Auguste Florentin	23 septembre 1901
Général de division Yvon Dubail	14 juin 1918
Général de division Charles Nollet	7 janvier 1934
Général de division Charles Brecard	12 novembre 1940
Général d'armée Paul Dassault	25 août 1944
Général d'armée Georges Catroux	1er octobre 1954
Amiral Georges Cabanier	14 janvier 1969
Général d'armée Alain de Boissieu Dean de Luigne	15 février 1975
Général d'armée André Biard	4 juin 1981
Général d'armée Gilbert Forray	5 juin 1992
Général d'armée aérienne Jean-Philippe Douin	4 juin 1998

Salle de réunion des membres du Conseil de la Légion d'honneur au Palais de Salm

Le Conseil de l'Ordre, réuni sous la présidence du Grand Chancelier, délibère sur les questions relatives au statut de l'ordre, aux nominations et/ou promotions dans la hiérarchie et à la discipline des membres de l'Ordre.

Il est composé de 16 membres dont 14 Dignitaires ou Commandeurs, 1 Officier et 1 Chevalier. Ils sont nommés par le Grand Maître, sur proposition du Grand Chancelier.

Leur ensemble représente une synthèse de la société française, chacun d'entre eux s'étant acquis des mérites éminents dans les diverses activités représentatives de notre société : l'industrie, les affaires étrangères, la culture, l'enseignement, la justice, la recherche, la médecine, l'administration de l'État, l'armée, le syndicalisme, le monde de la Résistance...

L'ADMINISTRATION DE LA LÉGION D'HONNEUR

Placée sous l'autorité du Grand Chancelier, l'administration de la Légion d'honneur, qui s'étend également à la gestion de la Médaille Militaire et de l'Ordre national du Mérite, constitue un ensemble spécifique dans la structure administrative française.

Elle a conservé le principe affirmé dès sa création, et toujours maintenu depuis à travers les trois textes organiques qui l'ont régie : assurer une indépendance totale à l'institution.

Étroitement commandée par son objet, assurer la récompense des services civils et militaires éminents, l'administration de la Légion d'honneur a été concue comme une structure autonome s'apparentant à la structure d'un ministère, disposant notamment de l'indépendance financière au travers d'un budget qui constitue, depuis le 9 juillet 1836, un budget annexe, rattaché pour ordre à celui de la Justice.

ORGANIGRAMME DE LA GRANDE CHANCELLERIE DE LA LÉGION D'HONNEUR

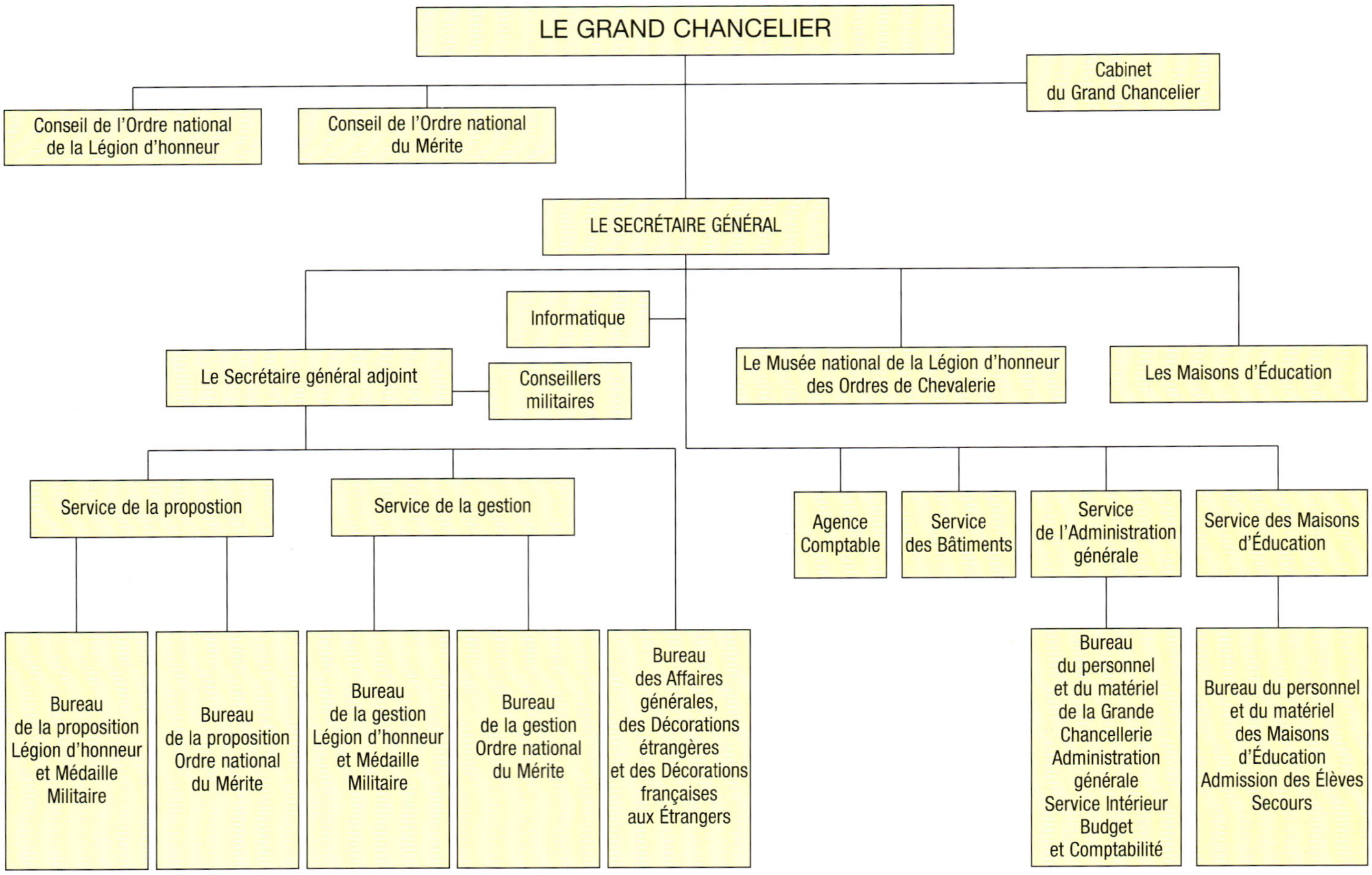

La Légion d'honneur conserve la gestion intégrale de ses biens propres qui constituent l'élément fondamental de son patrimoine : le Palais de la Grande Chancellerie, les Maisons d'Éducation de Saint-Denis et des Loges et le château D'Écouen qui, bien que mis à la disposition du ministère de la Culture pour abriter le Musée national de la Renaissance demeure la propriété de l'Ordre.

Les services administratifs de la Grande Chancellerie, dirigés par un Secrétaire général assisté d'un Secrétaire général adjoint, comptent près d'une centaine d'agents auxquels s'ajoutent les personnels des Maisons d'Éducation, soit 320 personnes.

Voyons succinctement les différents services de cette administration :

Le service des propositions : il instruit les dossiers de proposition, de nomination ou de promotion dans la Légion d'honneur, ainsi que les candidatures à la Médaille Militaire, avant de les soumettre au Conseil de l'Ordre, et prépare ensuite les décrets de nomination avant leur publication au *Journal Officiel*.

Il examine chaque année au total plus de 3500 dossiers, vérifiant avec minutie si les conditions de nomination ou de promotion de chacun des candidats sont remplies.

Le service de gestion de l'Ordre : dès la parution des décrets de nomination, il reçoit les dossiers des nouveaux décorés, instruisant alors la procédure de réception, assurant le paiement des droits de chancellerie, expédiant les brevets et ordonnançant les traitements des décorés.

Il a également à gérer l'ensemble des dossiers de tous les décorés, dont il est l'interlocuteur permanent. Il est aussi sollicité par de nombreux chercheurs, historiens ou descendants de décorés auxquels il apporte des informations précieuses.

Le bureau du contingent du Grand Chancelier, de la discipline et de la protection des Ordres nationaux : il instruit les dossiers de propositions, de nomination et de promotion sur les contingents dévolus au Grand Chancelier, engage les actions disciplinaires à l'encontre des Légionnaires, Médaillés Militaires et membres de l'Ordre national du Mérite, prépare et exécute les décisions prises en la matière. Il assure également la protection des distinctions honorifiques, en assurant la répression de leur port illégal, de la création, de la collation et du port de distinctions de fantaisie contrevenant à la réglementation en vigueur.

Le service de l'administration générale assure le soutien administratif de la Grande Chancellerie : gestion des personnels, élaboration et exécution du budget.

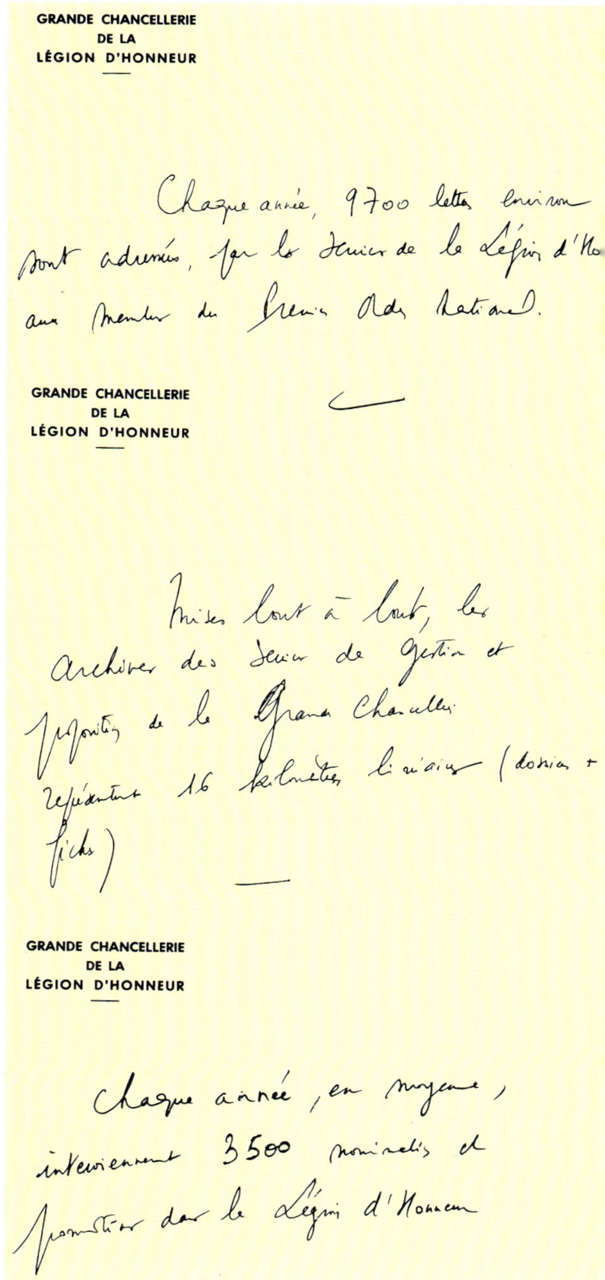
GRANDE CHANCELLERIE
DE LA
LÉGION D'HONNEUR

Chaque année, 9700 lettres environ sont adressées, par les Services de la Légion d'Ho[nneur] aux Membres du Premier Ordre National.

GRANDE CHANCELLERIE
DE LA
LÉGION D'HONNEUR

Mises bout à bout, les archives des Services de Gestion et Propositions de la Grande Chancellerie représentent 16 kilomètres linéaires (dossiers + fiches)

GRANDE CHANCELLERIE
DE LA
LÉGION D'HONNEUR

Chaque année, en moyenne, interviennent 3500 nominations et promotions dans la Légion d'Honneur

Le service des Maisons d'Éducation a en charge la gestion des personnels des établissements d'éducation, instruit les dossiers d'admission des élèves et gère l'action sociale de la Grande Chancellerie en faveur des membres des Ordres nationaux et de la Médaille Militaire.

Le bureau de l'informatique et de la bureautique : ce bureau, récemment créé, a mis en place l'informatisation des fichiers des Ordres nationaux et de la Médaille Militaire, fichier dont il assure le suivi informatique, auquel s'ajoute l'édition de documents statistiques.

Le bureau des bâtiments a en charge la préparation des programmes immobiliers et l'exécution des travaux d'entretien et de rénovation du parc immobilier de la Légion d'honneur.

L'agence comptable tient la comptabilité générale de la Légion d'honneur et celle du Musée qui y est adjacent.

Pour l'exécution de ses missions, la Grande Chancellerie a disposé, en 2003 d'un budget annuel de 18 millions d'euros.

16 février 2003 JOURNAL OFFICIEL DE LA RÉPUBLIQUE FRANÇAISE 2813

Présidence de la République

GRANDE CHANCELLERIE DE LA LÉGION D'HONNEUR

Décret n° 2003-117 du 14 février 2003 fixant les contingents de croix de la Légion d'honneur pour la période du 1er janvier 2003 au 31 décembre 2005

NOR : *PREX0306318D*

Le Président de la République,

Sur le rapport du Premier ministre et sur la proposition du grand chancelier de la Légion d'honneur,

Vu le décret n° 62-1472 du 28 novembre 1962 portant code de la Légion d'honneur et de la médaille militaire et spécialement ses articles R. 7 et R. 14,

Décrète :

Art. 1er. – Pour la période du 1er janvier 2003 au 31 décembre 2005, les contingents annuels de croix de la Légion d'honneur sont fixés comme suit :

GRAND'CROIX	GRAND OFFICIER	COMMANDEUR	OFFICIER	CHEVALIER
		A titre civil		
3	12	72	384	1 710
		A titre militaire		
3	12	72	346	1 200

Art. 2. – Pour la période du 1er janvier 2003 au 31 décembre 2005, les contingents dont dispose le ministre de la défense pour les personnels militaires sont exceptionnellement majorés de 500 croix de chevalier destinées à des anciens combattants, médaillés militaires justifiant de trois blessures de guerre ou citations contractées ou obtenues au titre de la guerre 1939-1945, des TOE ou d'AFN.

Ce dernier contingent pourra, dans la limite de 20 %, permettre de récompenser d'anciens résistants particulièrement valeureux.

Art. 3. – Le Premier ministre et le grand chancelier de la Légion d'honneur sont chargés, chacun en ce qui le concerne, de l'exécution du présent décret, qui sera publié au *Journal officiel* de la République française.

Fait à Paris, le 14 février 2003.

JACQUES CHIRAC

Par le Président de la République :

Le Premier ministre,
JEAN-PIERRE RAFFARIN

Vu pour l'exécution :
Le grand chancelier de la Légion d'honneur,
GÉNÉRAL DOUIN

Ce budget a été ainsi réparti :

– 16,8 millions pour les crédits de fonctionnement, dont 70 % affectés aux charges de personnel ;

– 1,2 million pour les dépenses en capital.

ITINÉRAIRE D'UN DÉCORÉ

Comment et pourquoi est-on distingué par l'octroi d'une décoration ?

Cette question, la première qui vient à l'esprit, reçoit autant de réponses que l'imagination peut en fournir.

L'idée la plus répandue est que l'on se propose soi-même, en adressant pour cela un courrier à la Grande Chancellerie de la Légion d'honneur.

Mais si celle-ci reçoit de nombreuses lettres de candidature, elle ne peut y donner suite.

En effet, la proposition doit émaner du Ministre dont relèvent les mérites du futur décoré, qui seul peut établir un mémoire de proposition et qui saisira le Conseil de l'Ordre de la Légion d'honneur.

Si chacun des ministres peut proposer, son pouvoir de proposition est néanmoins enfermé dans des règles strictes :

– le nombre de propositions est limité dans le cadre d'un contingent annuel ;

– ces propositions ne peuvent être faites — règle de la spécialisation du contingent — qu'en faveur de personnes dont les mérites relèvent par leur nature de l'activité du ministère qui les établit ;

– le mémoire produit à l'appui de la proposition doit justifier les mérites éminents du futur légionnaire ;

– certaines personnes ne peuvent en raison des fonctions qu'elles occupent être proposées.

Il en est notamment ainsi pour les parlementaires, les membres des cabinets ministériels et les fonctionnaires internationaux :

– les nominations et promotions sont enfin soumises à des conditions strictes de durée.

Ainsi, le futur Chevalier doit justifier de 20 ans révolus de services publics ou d'activités professionnelles.

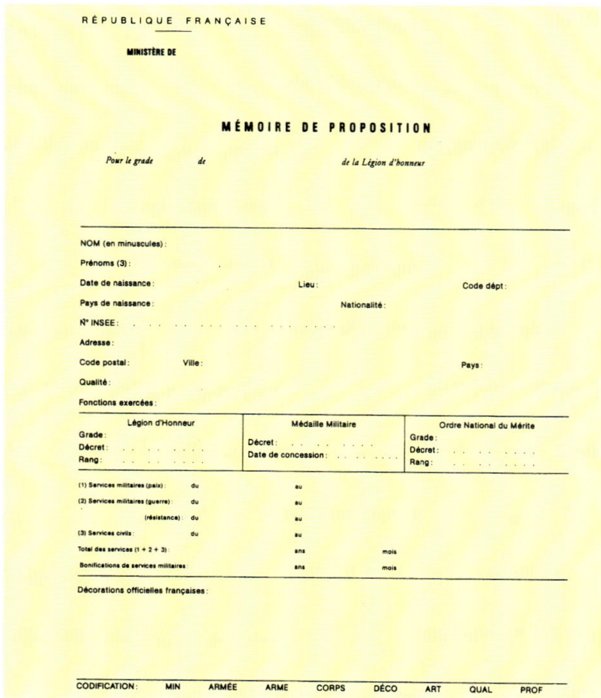
RÉPUBLIQUE FRANÇAISE

MINISTÈRE DE

MÉMOIRE DE PROPOSITION

Pour le grade de de la Légion d'honneur

NOM (en minuscules) :
Prénoms (3) :
Date de naissance : Lieu : Code dépt :
Pays de naissance : Nationalité :
N° INSEE :
Adresse :
Code postal : Ville : Pays :
Qualité :
Fonctions exercées :

Légion d'Honneur	Médaille Militaire	Ordre National du Mérite
Grade : Décret : Rang :	Décret : Date de concession :	Grade : Décret : Rang :

(1) Services militaires (paix) : du au
(2) Services militaires (guerre) : du au
(résistance) : du au
(3) Services civils : du au
Total des services (1 + 2 + 3) : ans mois
Bonifications de services militaires : ans mois

Décorations officielles françaises :

CODIFICATION : MIN ARMÉE ARME CORPS DÉCO ART QUAL PROF

Ensuite, pour être promu dans les différents grades, une durée minimale de services nouveaux est requise :

– Chevalier à Officier : 8 ans ;
– Officier à Commandeur : 5 ans ;
– Commandeur à Grand Officier : 3 ans ;
– Grand Officier à Grand'Croix : 3 ans.

Outre le Premier Ministre et les Ministres, le Grand Chancelier de la Légion d'honneur dispose d'un contingent.

Ce contingent récompense essentiellement les fonctionnaires ou agents publics retraités dont les mérites n'ont pu être récompensés alors qu'ils étaient en activité.

Les mémoires établis sont adressés à la Grande Chancellerie de la Légion d'honneur où leur contenu est examiné et vérifié avec soin.

Ils sont alors répartis entre les membres du Conseil de l'Ordre. Ces derniers procèdent à un nouvel examen et rapportent ces candidatures devant la Haute assemblée qui examine leur conformité aux exigences du code, les agréant ou les rejetant.

Ces exigences sont nombreuses. Elles sont imposées par le Code de la Légion d'honneur : durée des services, ancienneté dans chacun des grades... D'autres ont été fixées par le Conseil lui-même, soucieux d'inscrire parfaitement ces nominations ou promotions dans des règles qui défendent le prestige de l'Ordre. Ainsi, il écarte des promotions dans l'Ordre de la Légion d'honneur, ou du Mérite, les candidats nommés ou promus dans un autre Ordre depuis moins de deux ans.

Une des exigences du Code est essentielle : l'existence de mérites éminents.

Apprécier le caractère éminent des mérites est un travail difficile et complexe qui en l'absence de critère objectif suppose une appréciation nécessairement subjective.

Le Conseil de l'Ordre, pour mener à bien son contrôle, s'appuie d'abord sur le Code, lequel précise que ces mérites éminents doivent être acquis au service de la Nation. Il s'assure également du caractère indiscutable des mérites affirmés, s'interdisant de retenir ceux donnant prise au doute ou à la contestation. Il a enfin le souci de récompenser tous les mérites, n'en excluant aucun, assurant par là même l'universalité de la décoration.

La Légion d'honneur est un signe de reconnaissance au double sens du terme. Reconnaissance de la Nation et reconnaissance par la Nation, elle est manifestation par l'État de sa gratitude à l'égard des meilleurs de ses serviteurs, elle est signal par lequel ceux-ci sont identifiés.

Je me souviens, enfant, avoir assisté à la cérémonie au cours de laquelle mon père, le Chef de Bataillon Pierre Morillon, avait été fait Chevalier, peu avant sa mort des suites de ses blessures. J'entendais pour la première fois, à l'écoute de sa citation, le récit des faits d'armes accomplis à la tête de son unité pendant la bataille de mai 1940. Je découvrais que la France lui en savait gré. C'est de ce moment que date ma vocation à servir les mêmes idéaux.

Je n'oublie pas non plus mon arrivée comme Chef de peloton en Algérie en 1956. Mes anciens rentraient d'Indochine où certains avaient accumulé les citations. Le prestige de ceux qui portaient la croix, la rosette ou la cravate, était immense. Je crois qu'il était mérité. Comme tous mes camarades, je n'aspirais qu'à rejoindre leur cohorte. Je n'hésite pas à dire que je suis très fier d'y avoir réussi.

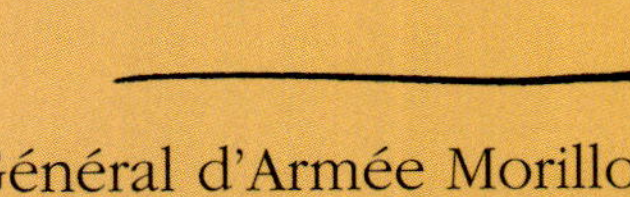

Général d'Armée Morillon
ancien commandant de la FORPRONU (Force de protection de l'ONU), ancien commandant de la FAR (Force d'action rapide), Grand Officier de la Légion d'honneur.

Il lui est en effet un devoir de distinguer tous les mérites sans établir entre eux de hiérarchie ou de distinction. C'est pourquoi, même si cela fait parfois l'objet de contestations ou d'incompréhensions, sont réunis à bon droit dans un même Ordre, des militaires comme des civils, des artistes comme des artisans, des industriels comme des ouvriers...

Les étapes franchies, le futur décoré découvrira son nom dans le Journal officiel, à l'occasion de l'une des trois promotions annuelles :

– 1er janvier ;

– Pâques ;

– 14 juillet.

Mais il ne deviendra membre de la Légion d'honneur qu'après avoir été reçu dans l'Ordre.

Pour cela, il choisira une personnalité, déjà membre de l'Ordre et titulaire d'un grade au moins équivalent à celui qui sera le sien. Le Grand Chancelier déléguera alors ses pouvoirs pour la réception.

A l'issue de cette cérémonie, le décoré deviendra membre de l'Ordre et un brevet lui sera adressé.

RF

RÉPUBLIQUE FRANÇAISE

ORDRE NATIONAL DE LA LÉGION D'HONNEUR

HONNEUR PATRIE

LE PRÉSIDENT DE LA RÉPUBLIQUE FRANÇAISE
GRAND MAÎTRE DE L'ORDRE NATIONAL DE LA LÉGION D'HONNEUR

nomme par décret de ce jour,

né le

CHEVALIER DE LA LÉGION D'HONNEUR

pour prendre rang du *et jouir de tous les droits, honneurs et prérogatives attachés à cette qualité.*

Fait à PARIS, le

Scellé du sceau de l'Ordre sous le n°

Par le Président de la République :
LE GRAND CHANCELIER DE LA LÉGION D'HONNEUR,

Imprimerie Nationale.

LA DISCIPLINE

Récompense des mérites, la Légion d'honneur est aussi, pour le nouveau décoré, un engagement, celui de respecter scrupuleusement et en toutes circonstances les règles d'honneur qui fondent cette décoration.

Ainsi tout acte contraire à l'honneur commis par un légionnaire est-il susceptible d'entraîner le prononcé à son encontre de peines disciplinaires, pouvant aller jusqu'à l'exclusion de l'Ordre.

A cet effet éventuel, doivent être transmises au Grand Chancelier par l'Autorité judiciaire des copies de tous arrêts et jugements rendus en matière criminelle et correctionnelle concernant les membres de la Légion d'honneur.

Après instruction du dossier disciplinaire, le Conseil de l'Ordre est appelé à proposer une sanction — censure (c'est-à-dire, blâme), suspension de l'Ordre ou exclusion —, ces deux dernières peines étant prononcées par décret du Président de la République, publié au Journal Officiel.

Il est toutefois à noter que se trouve de droit exclu de la Légion d'honneur tout membre de celle-ci définitivement condamné pour crime ou à une peine d'emprisonnement sans sursis égale ou supérieure à un an. Une semblable exclusion de droit est alors constatée par arrêté du Grand Chancelier également publié au Journal Officiel.

Décret relatif à la discipline des membres de l'ordre de la Légion d'honneur

Par décret du Président de la République en date du ...., pris sur le rapport du Premier ministre et sur proposition du grand chancelier de la Légion d'honneur, après avis du conseil de l'ordre, par application du titre V (Discipline) du livre Ier du code de la Légion d'honneur et de la meidaille militaire, et notamment des articles R. 89 (2°), R. 95, R. 96, R. 106 (alinéa 1er), R. 110 (alinéa 2) et R. 168 dudit code, est suspendu pour une durée de dix ans, à compter de la date de notification à sa personne du présent décret, de l'exercice des droits et prérogatives attachés à sa qualité de membre de la Légion d'honneur et, durant le même temps, privé du droit de porter toute décoration française ou étrangère ressortissant à la grande chancellerie de la Légion d'honneur :
M...

LA LÉGION D'HONNEUR : MÉRITES D'HIER ET D'AUJOURD'HUI

En près de deux siècles d'existence, la Légion d'honneur a accueilli, dans ses rangs, à des grades divers, près d'un million de citoyens.

Quel magnifique livre florilège pourrait s'écrire aujourd'hui si l'on était en mesure de rassembler, en un raccourci fulgurant de l'histoire, le capital de courage, de talents et de vertus déployé depuis deux siècles en tous domaines par ce million de décorés...

Si le recensement de cette chevalerie des temps modernes se révèle aujourd'hui impossible — beaucoup d'archives faisant défaut — les recherches permettent toutefois de préciser comment ont évolué les conditions d'entrée dans la Légion d'honneur et comment les différents secteurs d'activité ont accédé d'une manière progressive à cette institution nationale.

Si l'on veut établir une comparaison entre les mérites qui permettaient d'accéder autrefois à la Légion d'honneur et ceux qui y conduisent aujourd'hui — mérites passés ou présents donc — il faut nécessairement tracer une frontière. Mais laquelle ?

Qu'est-ce que l'honneur ? C'est la force de l'âme, animée ou réveillée par le devoir, et qui quelquefois même nous porte au-delà de ce qu'il prescrit. A cette définition due à un écrivain peu connu Saint-Foix, on peut ajouter que l'honneur est aussi l'estime glorieuse qui est accordée à la vertu, au courage et aux talents. La Légion d'honneur assemble les femmes, les hommes qui, inspirés par cette force de l'âme, ont mérité cette estime glorieuse.

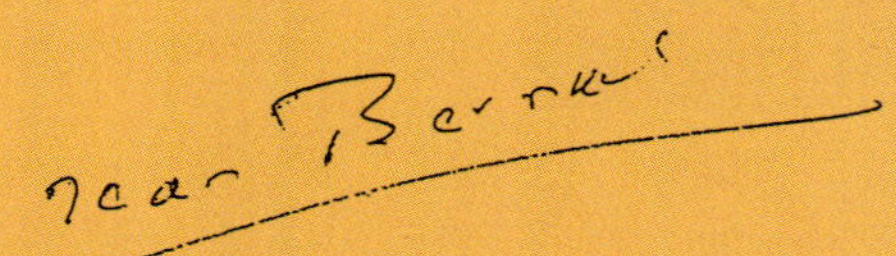

Professeur Jean Bernard de l'Académie française
Grand'Croix de la Légion d'honneur.

La date charnière est, sans nul doute, celle du Code de la Légion d'honneur, voulu par le Général de Gaulle, préparé sous son autorité, signé par lui et publié le 28 novembre 1962. Il constitue, depuis plus de quarante ans, la « Loi fondamentale » de la Légion d'honneur.

Avant le Code, les textes de référence ont dérivé, pour l'essentiel, de la Loi de création de l'Ordre, texte du 29 floréal an X qui posait des principes généraux. Des textes d'application ou d'interprétation sont venus par la suite, dispersés, parfois contradictoires et pris selon les nécessités de l'heure, tantôt pour juguler une inflation galopante, tantôt pour ouvrir des droits à telle catégorie de citoyens.

Le mérite du Code de la Légion d'honneur a été de rappeler les principes dans un document de portée générale, de clarifier et simplifier les réglementations et surtout de mettre à jour des dispositions cohérentes et précises qu'est venue renforcer plus tard une jurisprudence scrupuleuse.

Mérites d'hier, mérites d'aujourd'hui : les premiers sont ceux d'avant le Code, les seconds, ceux d'après.

LES MÉRITES D'HIER

Dès sa création, la Légion d'honneur est définie comme un Ordre national destiné à récompenser les citoyens méritants, militaires comme civils. Trois principes fondamentaux la régissent :

– Elle est universelle : elle est donc ouverte aux civils comme aux militaires. La Nation est une et il n'est possible d'en exclure aucune activité.

– Elle récompense des mérites individuels, n'admettant dans ses cohortes que des personnes physiques, en mesure de prêter serment. Se trouvent ainsi posés le caractère et la nature de la Légion d'honneur : ce sera une élite vivante.

– Enfin, les mérites à récompenser devront être acquis et non transmis, idée nouvelle — notamment par rapport à l'Ancien régime — qui exclut toute référence à l'hérédité ou à la position sociale.

Trophée des cohortes
par Antoine-François Peyr

Les principes ainsi posés, quelle fut, au-delà de ses premiers mois d'existence, la véritable pratique ?

L'examen des promotions faites dans cette longue période — de 1802 à 1962 — révèle deux époques bien distinctes que sépare la Guerre de 1914-1918.

Napoléon décore de la Légion d'honneur C.P. Oberkampf, fondateur de la manufacture de Jouy-en-Josas

LA PÉRIODE 1802-1914

La prédominance des titres militaires

1802-1914 constitue le premier siècle d'existence de la Légion d'honneur.

L'élément dominant dans les promotions de cette période est l'importance des décorations données aux militaires. Ils représentent jusqu'au Second Empire, en moyenne les trois quarts des effectifs du grade de Chevalier.

Les dignitaires, quant à eux, sont pour 80 % des militaires. De surcroît, ceux qui sont classés comme civils sont souvent d'anciens militaires exerçant des fonctions civiles. Ainsi les 7 Grand'Croix de l'année 1887 se répartissent ainsi :

– 5 Généraux de Division (dont un membre du Conseil Supérieur de la Guerre, le Gouverneur militaire de Paris et le Commandant de l'École Supérieure de Guerre) ;

– 2 Vice-Amiraux (dont l'un est Sénateur).

Les 21 Grands Officiers décorés la même année sont tous des officiers généraux, l'un d'entre eux, Général de Division, étant Ministre de la Guerre et devenant Ministre des Finances le 30 novembre 1887.

Le Maréchal Vaillant (1790-1872)

La plupart des 75 cravates de Commandeur distribuées chaque année, vont aux militaires.

C'est le résultat du nombre important de campagnes militaires conduites au XIXe siècle.

L'importance des actions d'éclat et des services exceptionnels

La deuxième caractéristique des promotions de cette période est l'importance donnée aux actions d'éclat et aux titres exceptionnels, pour les militaires mais aussi pour les civils.

Ainsi, alors que les exigences de durée des services sont à l'époque aussi fortes qu'aujourd'hui — 25 années de services effectifs — 25 % des militaires comme des civils sont nommés Chevaliers à titre exceptionnel : les premiers en raison d'actions d'éclat accomplies sur les théâtres d'opérations, les seconds — dans la même proportion — pour avoir, dans leurs fonctions civiles, rendu des services sortant de l'ordinaire et ce, durant quelques années seulement.

Bénéficient de ces dispositions exceptionnelles, des professeurs, des fonctionnaires de l'administration des Finances, des techniciens des Ponts et chaussées et des Transmissions, des industriels ou des hauts fonctionnaires.

Certaines des motivations fondent très légitimement les nominations faites.

Quelques exemples :

« ..., Industriel, directeur d'une carderie..., occupe 1100 ouvriers. A fondé une cité ouvrière. Services rendus pendant la Guerre 1870-1871. Titres exceptionnels, proposé pour Chevalier » (1877).

« ..., Professeur à l'École préparatoire de médecine d'Amiens, professeur à l'École de pharmacie, chirurgien des Hôpitaux. A créé une clinique ophtalmologique. Auteur de plusieurs ouvrages de médecine très appréciés. Médaillé pour sa belle conduite pendant l'épidémie cholérique de 1865 ; plus de 20 ans de services, proposé pour Chevalier » (1878).

« ..., Religieuse de l'Ordre de Saint-Vincent de Paul, 23 ans de services, 1 campagne, chargée depuis 23 ans du service des salles militaires de l'hospice de Châteaudun, a fait preuve du plus grand dévouement pendant la guerre de 1870-1871 et durant plusieurs épidémies. Proposée par le Ministre de la Guerre pour Chevalier » (1880).

« Hommage à la Sœur décorée. »
Gravure tirée du « Petit Journal »

Henri Dunant (1828-1910). Fondateur de la Croix-Rouge

D'autres propositions, faites à titre exceptionnel — se révéleraient impossibles aujourd'hui, car elles se heurteraient à la réglementation existante :

« ..., Auditeur de 1re classe au Conseil d'État, services exceptionnels au Ministère..., comme sous-chef et chef adjoint du cabinet du Ministre. 4 ans 1/2 de services. Titres exceptionnels. »

«..., Maître des requêtes au Conseil d'État, membre du comité du contentieux de la Marine. 10 ans de services. Services exceptionnels. »

Le caractère élitiste des nominations

La troisième particularité de la période 1802-1914 est le caractère élitiste des nominations. Si jusqu'à la Restauration, les sous-officiers et soldats entrent dans la Légion, par la suite, sauf cas exceptionnel de sous-officiers ayant de nombreuses campagnes, seuls les officiers y sont admis. Les Lieutenants et Capitaines sont faits Chevaliers, les Colonels Officiers et Commandeurs s'ils ont des titres de guerre. Seuls les officiers généraux deviennent dignitaires.

Notons à propos des militaires, que les sous-officiers étaient proportionnellement plus nombreux dans la Légion d'honneur avant la création de la Médaille Militaire. L'institution de celle-ci réduit, dès 1852, leur entrée dans le Premier Ordre.

Chez les civils, sont décorés des maires de villes grandes ou moyennes, des membres des corps constitués, des Ambassadeurs importants ou de hauts responsables du Conseil d'État ou de la Magistrature, d'importants propriétaires terriens ou des châtelains.

L'examen des promotions de l'année 1912 — l'une des toutes dernières de la période qui nous occupe — est révélateur de ces pratiques et donne l'image de ce qu'est la Légion d'honneur cent années après sa création : parmi les 23 dignités conférées cette année-là, 19 vont à l'armée active (15 au ministère de la Guerre, 4 à celui de la Marine), les 4 autres sont conférées :

- au Premier Président de la Cour des Comptes,
- à un ancien Conseiller d'État,
- à un Ambassadeur de France,
- au Président d'une Société de Chemins de Fer.

Pour la même année, 65 % des cravates et des rubans, 60 % des rosettes, sont octroyés à des militaires (parmi lesquels 80 % sont des militaires en activité).

Les femmes, quant à elles, admises en pratique dans l'Ordre depuis 1851, représentent un infime pourcentage : entre 0,20 et 0,25 %.

Pour l'année 1912, 8 privilégiées sont décorées.

A cette époque, les femmes ne sont guère plus d'une centaine à avoir été nommées dans la Légion d'honneur.

FEMMES PROMUES ET NOMMÉES DANS LA LÉGION D'HONNEUR EN 1912

NOM. PRÉNOM	QUALITÉ
Mme Amélie Ryckebusch	Surintendante des Maisons d'Éducation de la Légion d'honneur depuis 25 ans.
Mme Marie-Augustine Fremont	Professeur des Sciences au Lycée Fénelon.
Mme Marie Feuillet	Infirmière-Major, Chef du personnel des Dames Infirmières de l'Union des Femmes de France.
Mme Charlotte Rolle-Jacques	Membre Fondateur de la Société des Auteurs et Compositeurs Dramatiques, Fondatrice de la Société d'Aide Mutuelle et du Patronage Familial du 5e arrondissement.
Mme Catherine Richard-Vacheron	Infirmière.
Mme Amélie Bel	Exploratrice.
Mme Nelly Simons	Fabricante de Produits Céramiques au Cateau (Nord).
Mme Marie Duhem	Peintre, Exposante, Membre de la Société des Beaux-Arts

Alors que la France entre dans l'ère industrielle, deux constructeurs d'automobiles : Robert Peugeot et Adrien Panhard, reçoivent le ruban rouge, la rosette allant à Nadar, Louis Lumière, Flammarion, personnalités civiles marquantes mais dont la présence ne suffit pas à rééquilibrer la représentation du monde industriel.

En résumé, avant la fracture de la Première guerre mondiale, si la Légion d'honneur est déjà une décoration recherchée — notamment parce que, distribuée avec parcimonie, elle ne compte pas plus de 50000 membres — son caractère universel n'est pas encore admis par tous : certains services rendus à la Nation permettent d'y accéder facilement, d'autres en sont exclus ou n'y sont représentés que par quelques rares personnalités. Le monde agricole n'y parvient que rarement.

Louis Pasteur (1822-1895)

LA PÉRIODE 1914-1962

Les services militaires

La Guerre de 1914-1918 est un tournant important dans l'histoire de la première décoration nationale. Marquée par d'épouvantables combats et d'extraordinaires sacrifices, elle se solde pour le pays par des millions de morts et de blessés. La plupart, grièvement atteints, ne survivront pas à leurs blessures ou resteront de grands mutilés.

Il faut trouver alors, notamment en matière de distinctions honorifiques, le moyen de récompenser le courage de ceux qui ont survécu, d'aider les mutilés et de réconforter les familles et les veuves de ceux qui sont morts.

De nouveaux types de nominations apparaissent, de nouveaux critères sont définis.

Pour récompenser sans délai les actes de courage, sera institué un tableau spécial. Les mutilés quant à eux bénéficieront de pensions et auront un régime dérogatoire d'accession à la Légion d'honneur. Quant aux familles des morts, elles auront l'ultime et légitime fierté de voir leurs disparus décorés à titre posthume.

Ces trois dérogations — tableau spécial, législation sur les mutilés de guerre et posthumes — vont occuper, dès lors, dans la Légion d'honneur, une place importante, puis prépondérante lorsqu'elles seront reconduites plus tard pendant la Guerre de 1939-1945, étendues au monde résistant et à la déportation et maintenues pour les conflits d'Indochine et d'Algérie.

Le premier tableau spécial va permettre au Ministère de la Guerre, pour la période limitée à la durée des opérations, de nommer et promouvoir les militaires et assimilés sous forme d'une inscription à un tableau, non soumis aux règles fixées, inscription qui permet à son bénéficiaire de porter, aussitôt après, sa décoration. Cette procédure vraiment dérogatoire dispensait de l'établissement du dossier, de l'agrément du Conseil de l'Ordre et de la procédure administrative lorsque le militaire concerné avait accompli au front un acte de courage particulier.

— 1 —

DÉCRET

Du 13 Août 1914.

(Promulgué au *Journal officiel* du 14 août 1914.)

RAPPORT

AU PRÉSIDENT DE LA RÉPUBLIQUE FRANÇAISE.

Paris, le 13 août 1914

Monsieur le Président,

Le Gouvernement se trouve, en l'absence des Chambres, dans l'impossibilité de demander au Parlement des contingents spéciaux de croix de la Légion d'honneur et de médailles militaires pour les troupes mobilisées.

Le pays ne comprendrait pas pourtant que l'on attendît la paix pour récompenser les militaires, les marins, les fonctionnaires civils mobilisés (trésorerie, postes, chemins de fer, etc.) qui prodiguent à la patrie leur dévouement et leur héroïsme.

Nous estimons, en conséquence, qu'il conviendrait de publier, toutes les fois qu'il serait nécessaire, des tableaux de proposition dits tableaux de concours, où figureraient les noms des militaires ayant mérité une récompense.

La délivrance régulière et officielle de la distinction accordée ne serait définitive qu'après le vote par les Chambres d'une loi spéciale.

Mais, jusqu'au vote de celle-ci, les militaires, marins et fonctionnaires civils mobilisés auraient droit de porter la décoration pour laquelle une proposition régulière aurait été établie en leur faveur, et dès l'instant où cette proposition aurait été établie dans les formes régulières.

Les budgets de la guerre et de la marine supporteraient respectivement, jusqu'à cette date, les dépenses résultant du payement des arrérages, attachés aux distinctions à titre militaire.

Si vous approuvez cette manière de voir, nous vous prions de vouloir bien revêtir de votre signature le projet de décret ci-joint.

Veuillez agréer, monsieur le Président, l'hommage de notre respectueux dévouement.

Le Ministre de la guerre,
Signé : MESSIMY.

Le Ministre de la marine,
Signé : VICTOR AUGAGNEUR.

— 2 —

LE PRÉSIDENT DE LA RÉPUBLIQUE FRANÇAISE,

Vu les décrets des 22 janvier, 29 février et 16 mars 1852 sur la Légion d'honneur et la médaille militaire;

Sur le rapport des ministres de la guerre et de la marine,

DÉCRÈTE :

ART. 1er. Pendant la durée de la guerre, il sera publié, chaque fois qu'il sera nécessaire, des tableaux de concours de la Légion d'honneur et de la médaille militaire en faveur des militaires, marins et fonctionnaires civils mobilisés qui auront mérité l'une de ces récompenses.

ART. 2. Les attributions de croix de la Légion d'honneur et les concessions de médailles militaires faites aux personnels portés sur ces tableaux ne deviendront définitives qu'après avoir été ratifiées par une loi spéciale, mais les intéressés pourront porter leur décoration à partir du jour où elle leur aura été attribuée.

ART. 3. Jusqu'au vote de cette loi de régularisation, les traitements afférents aux décorations attribuées à titre militaire, seront imputés, suivant le cas, sur les fonds du budget de la guerre ou du budget de la marine.

ART. 4. Les ministres de la guerre et de la marine sont chargés, chacun en ce qui le concerne, de l'exécution du présent décret, qui sera publié au *Journal officiel de la République française.*

Fait à Paris, le 13 Août 1914.

Signé : R. POINCARE.

Par le Président de la République :

Le Ministre de la guerre,
Signé : MESSIMY.

Le Ministre de la marine,
Signé : VICTOR AUGAGNEUR.

Vu pour l'exécution :
Le grand chancelier de la Légion d'honneur,
Signé : Gal FLORENTIN.

1er septembre 1918 – Camp du Plessis-Belleville. Le Général Duval remet la Croix de la Légion d'honneur au Capitaine Geffrier, auteur de 116 bombardements de jour.

Seront ainsi nommés ou promus 54600 combattants de la Première guerre, 21300 de 1939-1945, 6000 d'Indochine, 4200 d'Algérie. Plus de 30 % d'entre eux seront des sous-officiers blessés ou cités au combat.

La législation sur les mutilés de guerre, promulguée en 1923 puis complétée en 1932, permet aux mutilés à 100 % d'obtenir, et de droit, la Croix de Chevalier de la Légion d'honneur s'ils sont Médaillés Militaires et le grade supérieur dans la Légion d'honneur s'ils sont déjà membres de l'Ordre. Elle offre même la possibilité d'obtenir une troisième récompense en cas de mutilations particulièrement graves. Quelques centaines de mutilés de guerre ont été décorés par an à partir de 1923, puis après le vote de la législation plus libérale de 1932, plusieurs milliers.

Ce régime favorable a été repris en 1939-1945 et étendu aux déportés, puisque les maladies contractées en déportation ont été assimilées à des blessures de guerre. Il s'applique encore aujourd'hui en faveur des survivants de la Deuxième guerre mondiale et des Anciens des conflits d'Indochine et d'Algérie.

Quant aux nominations à titre posthume, elles n'avaient jamais été envisagées au XIXe siècle : il était admis, en principe absolu, qu'il fallait prêter serment pour entrer dans la Légion d'honneur, ce qui excluait toute possibilité de décorer des morts.

Les premières nominations à titre posthume ne survinrent que par un décret du 1er octobre 1918, six semaines avant l'Armistice. Le caractère d'élite vivante de la Légion d'honneur subissait alors sa première dérogation.

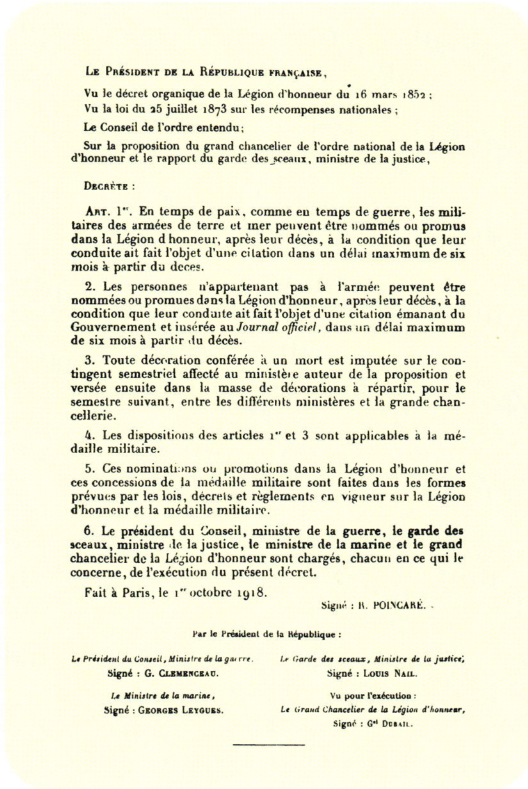

Le Président de la République française,

Vu le décret organique de la Légion d'honneur du 16 mars 1852 ;
Vu la loi du 25 juillet 1873 sur les récompenses nationales ;

Le Conseil de l'ordre entendu ;

Sur la proposition du grand chancelier de l'ordre national de la Légion d'honneur et le rapport du garde des sceaux, ministre de la justice,

Décrète :

Art. 1er. En temps de paix, comme en temps de guerre, les militaires des armées de terre et mer peuvent être nommés ou promus dans la Légion d'honneur, après leur décès, à la condition que leur conduite ait fait l'objet d'une citation dans un délai maximum de six mois à partir du décès.

2. Les personnes n'appartenant pas à l'armée peuvent être nommées ou promues dans la Légion d'honneur, après leur décès, à la condition que leur conduite ait fait l'objet d'une citation émanant du Gouvernement et insérée au *Journal officiel*, dans un délai maximum de six mois à partir du décès.

3. Toute décoration conférée à un mort est imputée sur le contingent semestriel affecté au ministère auteur de la proposition et versée ensuite dans la masse de décorations à répartir, pour le semestre suivant, entre les différents ministères et la grande chancellerie.

4. Les dispositions des articles 1er et 3 sont applicables à la médaille militaire.

5. Ces nominations ou promotions dans la Légion d'honneur et ces concessions de la médaille militaire sont faites dans les formes prévues par les lois, décrets et règlements en vigueur sur la Légion d'honneur et la médaille militaire.

6. Le président du Conseil, ministre de la guerre, le garde des sceaux, ministre de la justice, le ministre de la marine et le grand chancelier de la Légion d'honneur sont chargés, chacun en ce qui le concerne, de l'exécution du présent décret.

Fait à Paris, le 1er octobre 1918.

Signé : R. Poincaré.

Par le Président de la République :

Le Président du Conseil, Ministre de la guerre,
Signé : G. Clemenceau.

Le Garde des sceaux, Ministre de la justice,
Signé : Louis Nail.

Le Ministre de la marine,
Signé : Georges Leygues.

Vu pour l'exécution :
Le Grand Chancelier de la Légion d'honneur,
Signé : Gal Dubail.

Pierre Brossolette, héros de la Résistance française, décoré à titre posthume par décret du 19 avril 1945

Pendant 40 années, sera ainsi honorée la mémoire des morts des deux guerres mondiales, de l'Indochine et de l'Algérie.

En 1962, des dizaines de nominations à titre posthume intervenaient encore...

Qu'advenait-il des militaires d'active et des réservistes ? Premiers exposés lors des combats, ils étaient pour une grande partie les bénéficiaires de ces procédures spécifiques : blessés, ils obtenaient le statut des mutilés, auteurs d'actions d'éclat, ils étaient inscrits au tableau spécial. Qui plus est, le ministère de la Défense continuait de disposer d'importantes dotations de croix : entre les deux guerres, il dispense annuellement 2200 croix à ses militaires en activité, 1500 aux réservistes, pratiquement tous titulaires de citations ou de campagnes.

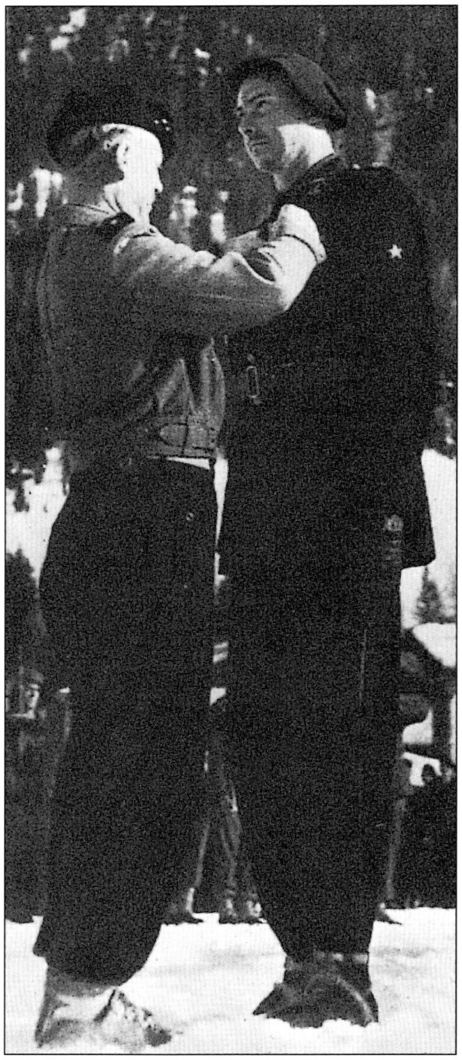

S.A.I. le prince Napoléon décoré de la Légion d'honneur à titre militaire, après la guerre

Si les promotions d'active et de réserves sont homogènes, ouvrant avec une belle constance le grade de Chevalier aux Lieutenants et Capitaines, celui d'Officier aux Commandants, Lieutenant-Colonels et Colonels, celui de Commandeur aux Colonels titrés et aux Généraux, en revanche, mutilés et bénéficiaires de tableaux spéciaux sont pour la plupart des sous-officiers.

L'année 1962, la dernière avant le Code de la Légion d'honneur, donne une image significative des attributions des l'époque : sur 2006 mutilés de guerre nommés Chevaliers, 1838 sont des sous-officiers ! Sur 1329 nommés au titre des réserves, 20 % sont des sous-officiers tandis que les 1753 nominations d'anciens de 1914-1918 concernent exclusivement des soldats de cette guerre titulaires de 4 ou 5 blessures ou citations. Les 1059 nominations au titre de l'active rétablissent les choses en faveur des officiers (85 % contre 15 % de sous-officiers).

Au total, cependant, cette année-là plus de 4000 Croix de la Légion d'honneur vont aux sous-officiers contre 2150 aux officiers.

Les services civils

Si les services rendus sous les Armes entre 1914 et 1962 sont si largement récompensés, faut-il en conclure que les activités civiles aient été négligées ? Bien au contraire. La reconnaissance des Pouvoirs publics va autant aux civils qu'aux militaires. Notons d'abord que beaucoup d'anciens de 1914-1918 n'étaient pas des militaires de carrière mais des hommes issus de la société civile — pour l'essentiel du monde rural — de même que la majorité des Résistants — hommes et femmes — en 1939-1945.

Par ailleurs l'entre-deux-guerres voit l'État intervenir davantage dans une société qui s'humanise et se transforme, passant à l'ère industrielle puis post-industrielle. De nouveaux ministères se créent. Certains résultent de la guerre : Anciens Combattants, Reconstruction ou Ravitaillement. D'autres découlent des nécessités de l'époque : Travail, Sécurité Sociale, Santé Publique, Transports, Tourisme, Urbanisme... Ils se voient dotés rapidement de distinctions honorifiques et les civils entrent dès lors en plus grand nombre dans la Légion d'honneur. Avant 1914, ils étaient en moyenne 480 nommés ou promus annuellement — soit le tiers des militaires — Ils seront 2700 dans l'entre-deux-guerres et en 1949... 4000 !

Ils viennent d'horizons professionnels plus diversifiés : dès 1930, le ministre du commerce présente des hôteliers, négociants, industriels, filateurs, représentants et voyageurs de commerce, le ministre de l'Agriculture, un éleveur de chevaux en Seine-et-Oise, un viticulteur de Moselle, un vétérinaire de Lorient, un Inspecteur des eaux et forêts de la Vienne..., le ministre de l'Intérieur, quelques Préfets mais aussi des fonctionnaires de Préfecture, 180 Maires de communes rurales et de nombreux sapeurs-pompiers : 5 Lieutenants et Capitaines dans le seul Journal officiel du 12 avril 1930...

Au ministère du Travail voisinent avec des directeurs de sociétés, des ouvriers verriers, serruriers, artisans, ouvriers de forges, ouvriers mécaniciens.

Le ministère de l'Éducation nationale, pour sa part, offre une représentation de toutes les catégories et de tous les niveaux : professeurs de faculté, secrétaires, économes, instituteurs, membres d'œuvres péri-scolaires, hommes de Lettres et... un chansonnier !

C'est là, la plus belle démonstration que l'Ordre gagne progressivement son caractère universel.

La comtesse de Noailles posant chez Van Dongen pour son portrait avec la Croix de Commandeur de la Légion d'honneur

Dans ce mouvement, les titres exceptionnels trouvent aussi leur place :

« ... Directeur adjoint de l'Administration des Finances, Inspecteur des Finances de la plus haute distinction et du plus grand mérite, a concouru successivement à la préparation du plan Dawes et des accords de La Haye. A prêté la collaboration la plus utile au Gouvernement français dans ces circonstances si importantes... est déjà père de 4 enfants... 10 ans 5 mois de services civils et militaires dont 3 ans de mobilisation — 13 annuités » (1925).

Même les féministes trouvent leur compte dans les promotions de l'époque : bien que les femmes occupent encore une place marginale dans la plupart des professions, on dénombre 3000 Légionnaires en 1937 parmi lesquelles des cultivatrices ayant élevé des enfants, des ouvrières, des enseignantes. Les femmes seront, dans une proportion qui les honore, décorées parmi les déportés-résistants, d'autres en qualité d'infirmières ou brancardières. Certaines s'élèveront jusqu'au grade de Commandeur.

La maréchale Lyautey et l'écrivain Colette accèdent les premières à la Dignité de Grand Officier.

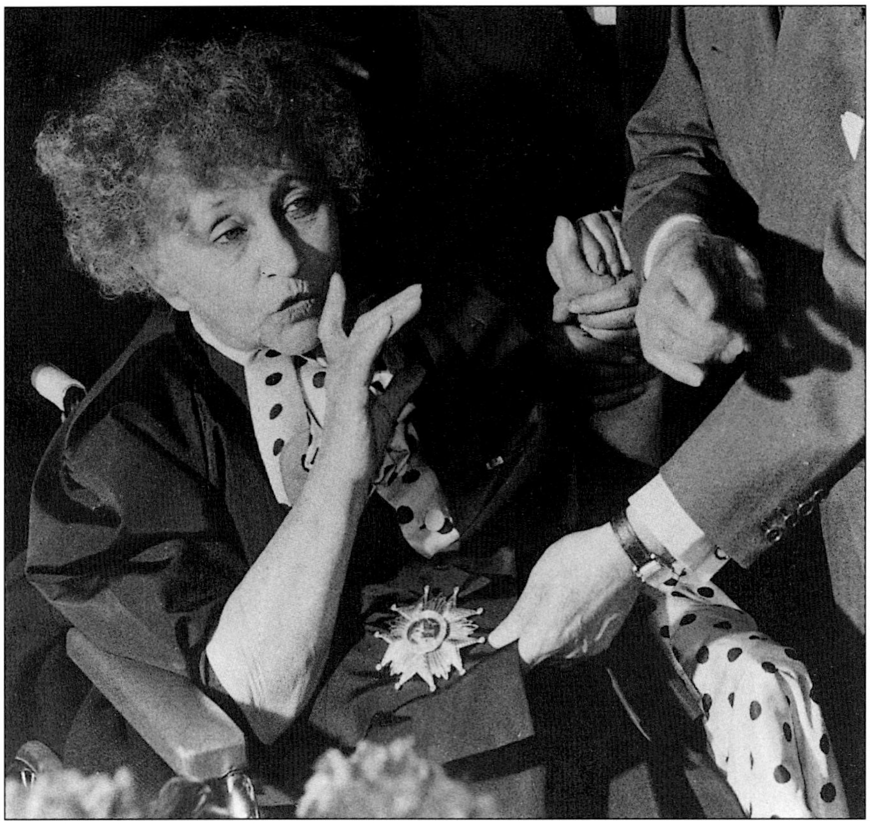

Colette (Grand Officier de la Légion d'honneur en 1953)

Les décorations conférées à titre civil à cette époque sont si nombreuses que s'opère — malgré l'importance justifiée du nombre de croix militaires — un équilibrage progressif. Alors que s'achèvent au 31 décembre 1948, les nominations et promotions du tableau spécial 1939-1945, en 1949 les croix conférées se répartissent ainsi :

MINISTÈRES	TOTAL (Tous grades et dignités)
Affaires Étrangères	270
Intérieur	649
Trav. pub / Transport et Tourisme	227
Justice	274
Finances	323
Industrie et Commerce	236
Travail et Sécurité sociale	396
Agriculture	202
Éducation nationale	612
France d'outre-mer	413
Santé publique et Population	219
Autres ministères	674
Total « civils »	**4495**
Pour mémoire, total des croix « militaires »	**5302**

Les proportions figurant au tableau ci-dessus ne varieront pas jusqu'en 1962. Elles sont le résultat d'un lent mais régulier mouvement qui contraste avec la pratique de la période 1802-1914. Autant, en effet, le premier siècle de la Légion d'honneur avait été, pour l'essentiel, élitiste et « réducteur » des différentes catégories sociales, autant 1918-1962 surprend par la diversité des activités récompensées.

En établissant des présentations marquées par un harmonieux équilibre géographique et la présence de tous les niveaux des hiérarchies dans presque tous les domaines d'activité, les Pouvoirs publics ont définitivement conféré à la Légion d'honneur son sens premier d'Institution nationale.

*
* *

Mais ce mouvement — sans doute bénéfique pour l'Institution — n'avait pu s'accomplir qu'au prix d'un gonflement des effectifs qui passèrent, en une décennie, de 180000 à la Libération à 300000 en 1960.

Ordre reconnu et légitimé, ouvert désormais à tous les mérites, la Légion d'honneur risquait de se trouver menacée par la trop rapide progression du nombre de ses titulaires.

Soucieuses d'éviter cet écueil, les instances de l'Ordre cherchèrent, dès le milieu de la IVe République, à juguler cette inflation sans toutefois y parvenir.

Il fallut l'avènement de la Ve République et la présence au sommet de l'État, au moment propice, de la forte autorité d'un nouveau Grand Maître, le Général de Gaulle, pour que soit imposée la Réforme et publié le Code qui régit aujourd'hui la Légion d'honneur.

Croix du Général Dubail
Grand Chancelier
de la Légion d'honneur
(1918-1934)

LES MÉRITES D'AUJOURD'HUI

Le Général de Gaulle
Président de la République
(1959-1969)

On ne peut évoquer les mérites actuels sans souligner l'apport du Code de la Légion d'honneur. Il est bien autre chose qu'une compilation ou une mise en forme de textes du passé. Il a, en vérité, défini une doctrine et des principes généraux en donnant aussi au Conseil de l'Ordre un pouvoir interprétatif qui lui a permis d'établir un certain nombre de dispositions jurisprudentielles.

Le Code a clarifié les missions des différentes instances de l'Ordre et établi une véritable séparation des pouvoirs : au Grand Maître, autorité suprême de l'Ordre, les décisions définitives en tous domaines, propositions, réception, discipline, — aux membres du Gouvernement l'établissement des dossiers de propositions pour le secteur d'activité qu'ils administrent, au Conseil de l'Ordre, présidé par le Grand Chancelier, l'appréciation, en toute indépendance, des propositions faites. Cette séparation absolue des pouvoirs — vieux principe républicain — est sans doute le meilleur garant de justice et d'équité.

Le Code a introduit d'autres éléments originaux dans la réglementation :

– respect strict des contingents fixés, c'est-à-dire nécessité d'éviter l'inflation, aussi funeste pour les décorations que pour la monnaie ;

– obligation pour les ministères d'établir un dossier complet et détaillé sur chaque personne proposée afin que le Conseil de l'Ordre puisse juger en connaissance de cause. Quels seraient, en effet, ses pouvoirs si, comme à certaines époques du passé, l'information donnée sur le postulant n'était que vague ou rudimentaire ?

– Le Code de la Légion d'honneur constitue aussi un essai de mise en harmonie et en équivalence des mérites civils et militaires, tout en tenant compte du caractère spécifique de ces derniers.

Mais avant de répondre à la question : « qui entre aujourd'hui dans la Légion d'honneur ? », il paraît essentiel de dire qui ne peut y entrer. il ne s'agit certes pas d'interdictions prononcées contre telle activité ou telle fonction, mais d'empêchements d'ordre déontologique, établis par les textes ou la jurisprudence et qui ont pour objet d'éviter tout excès de pouvoir ou acte d'ingérence et partant, de renforcer la transparence de l'Institution.

Ces incompatibilités concernent les membres du Gouvernement et ceux des Cabinets qui ne peuvent être nommés ou promus pendant la durée d'exercice de leurs fonctions. Rien de plus normal, en effet, puisque les Ministres sont eux-mêmes Autorités de proposition alors que leurs collaborateurs préparent les dossiers de candidature.

Sont aussi frappés par cette interdiction, les membres des Assemblées Parlementaires, l'objectif étant d'éviter que, par l'octroi d'une décoration, l'exécutif ne puisse être accusé d'avoir été tenté de gagner à sa cause les suffrages de membres du Parlement. Le Député ou le Sénateur peut, cependant, en cours de mandat, être décoré pour des faits de guerre.

Le dernier interdit touche les fonctionnaires internationaux qui ne peuvent être récompensés, pendant leur activité, sans l'autorisation expresse de l'instance qu'ils servent. Cette mesure — qui figure ailleurs expressément dans le statut des personnels de l'ONU — découle de la règle de conduite que s'imposent dans ce domaine la plupart des Gouvernements pour éviter d'être suspectés d'atteinte à la neutralité de ces fonctionnaires et donc d'ingérence dans leurs Organisations.

Les règles étant ainsi posées, qui, aujourd'hui, sous l'empire du Code, peut entrer dans la Légion d'honneur ?

Il est aisé d'établir, en première approche, des comparaisons chiffrées entre croix civiles et militaires, non pour opposer les deux catégories mais parce qu'elles constituent, depuis l'origine, les deux pôles essentiels de présentation des services rendus à la Nation.

Dès la publication du Code ont été établies des dotations annuelles de croix : très favorables aux militaires lors des premières années — les derniers conflits armés étaient encore proches — elles ont été redéployées au début des années 1970.

C'est ainsi qu'en 1973, 1546 croix sont décernées aux civils contre 1460 aux militaires d'active et de réserve. Dans les années suivantes, les proportions évoluent sensiblement en faveur des civils qui se comptent : **en 1985 :** 1467 contre 1312 militaires ; **en 1990 :** 1473 contre 1306 militaires ; **en 1992 :** 1595 contre 1184 militaires.

Certains souvenirs de l'adolescence marquent à jamais. J'ai pris conscience de la valeur de la Légion d'honneur du fait des terribles souffrances d'un membre de ma famille horriblement blessé à Verdun en 1916. Il arborait fièrement sa rosette. C'était sa seule source de joie et j'ose le dire, sa raison de vivre...

Héritière des grands Ordres séculaires, la Légion d'honneur est devenue depuis un siècle, du fait des multiples guerres meurtrières que notre pays dut affronter, le symbole du courage sur les champs de bataille et dans la Résistance.

Cette période étant révolue, il faut l'espérer, notre Ordre national, face à l'avenir, mais toujours fidèle à la grandeur de son passé, doit désormais rassembler les noms des grands serviteurs du Pays et surtout ceux qui contribuent à bâtir le futur.

C'est la Haute Mission du Conseil de l'Ordre d'y veiller.

Pierre Sudreau
ancien ministre, Grand'Croix de la Légion d'honneur.

LES SERVICES CIVILS RÉCOMPENSÉS DEPUIS 1962

Les Ministères publient donc, après l'agrément du Conseil de l'Ordre et la signature du décret par le Président de la République, trois fois par an — le 1er janvier, le jour de Pâques et le 14 juillet — leur contingent de décorés.

Chaque Ministère a ses particularités. Les populations qu'il administre sont différentes, plus ou moins homogènes, les missions très variables et, par là même, les promotions de Légion d'honneur bien spécifiques.

S'il n'est pas possible de citer ici tous ceux qui, à des titres divers, ont été récompensés depuis 1962, un simple survol des promotions de la Légion d'honneur suffit à montrer l'éminence des personnalités décorées et leur étonnante diversité.

Au titre de la Justice, sont faits Grand'Croix, en 1974, Maurice Aydalot, Premier Président de la Cour de Cassation et, en 2001, Jean Cabannes, Premier Avocat général honoraire, Ancien membre du Conseil constitutionnel. Pierre Bellet, Premier Président de la Cour de Cassation, est Grand Officier en 1980, Henri Maynier en 1982, Henri Charliac en 1988, Simone Rozes l'est en 1998, Pierre Truche en 2000, Pierre Drai en 2001.

Au Conseil d'État, Marceau Long, Vice-Président honoraire, est Grand'Croix en 2003 et Renaud Denoix de Saint-Marc, actuel Vice-Président, Grand Officier en 2002.

Mme Simone Rozes,
Premier Président de la Cour de Cassation
M. Jean Cabannes,
Premier Avocat général à la Cour de Cassation

M. Jacques Chirac, Président de la République, salue Mme Marianne Grunberg-Manago, membre de l'Académie des Sciences, Officier de la Légion d'honneur
On reconnaît, de gauche à droite : MM. Jean Foyer, Paul Germain, Maurice Druon, Marcel Landowski, Serge Nigg, Pierre Messmer, Jean Favier

M. Jean Matteoli
Président du Conseil économique et social
Grand'Croix de la Légion d'honneur

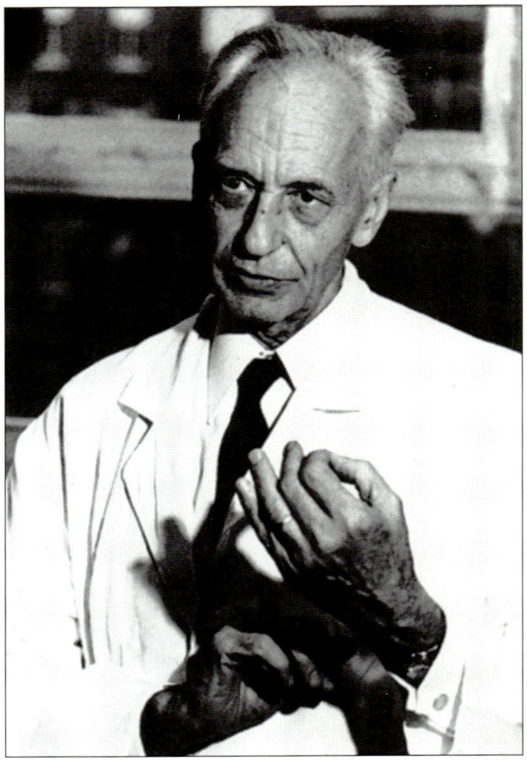

Jean Dausset
Prix Nobel de médecine
Grand'Croix de la Légion d'honneur

A la Cour des Comptes, Désiré Arnaud, Premier Président honoraire est Grand'Croix en 1985, tandis que Pierre Moinot, Procureur général honoraire accède à la dignité de Grand Officier en 1992.

Sont également faits dignitaires de l'Ordre, parmi d'autres, Pierre Racine, ancien **directeur de l'ENA**, Grand Officier en 1988 et Jean Matteoli, Président du **Conseil Économique et Social**, Grand'Croix en 1998.

Aux Affaires Étrangères sont dignitaires, les Ambassadeurs de France Léon Noel et René Brouillet (Grand'Croix), Étienne Burin des Roziers et Jean-Marc Boegner (Grand Officier). Jean-Pierre Rémy, directeur de l'Académie de France à Rome est promu Officier le 1er janvier 1995.

Dans le monde universitaire, sont élevés à la dignité de Grand'Croix les Professeurs Georges Vedel (1998), François Luchaire (1990), Claude Lévi-Strauss (1992), Maurice Duverger (1995).

La Médecine est honorée dans les personnes des Professeurs Robert Debré (1962), François Jacob (1982), Jean Bernard (1985), Maurice Tubiana (1993), Jean Dausset (2000), Grand'Croix, Jean Hamburger (1985), Adolphe Steg (2001), Alexandre Minkowski (2002), Grands Officiers.

Citons également dans le **domaine de la recherche**, parmi les dignitaires, Germaine Tillion, ethnologue (1999), Louis Leprince-Ringuet (1976), deux anciens directeurs du CNRS : le physicien Jean Coulomb (Grand'Croix, 1992) et Hubert Curien (Grand Officier, 1993) ainsi que Francis Perrin, ancien Haut-Commissaire à l'Énergie atomique (Grand'Croix, 1970) et Robert Dautray, ancien Haut-Commissaire à l'Énergie atomique (Grand Officier, 1998). Notons aussi, Nicole Le Douarin, directeur de recherche au CNRS, Professeur au Collège de France, secrétaire perpétuel de l'Académie des sciences (Grand Officier en 2002) et l'historien François Furet, Président de l'École des Hautes Études en sciences sociales (Chevalier, 1994). Jacqueline de Romilly, universitaire, l'une des femmes membres de l'Académie Française, accède à la dignité de Grand Officier (1998), comme le Professeur René Rémond (2001), Président de la Fondation nationale des sciences politiques. Pierre Chaunu, historien est Commandeur en 1999, Alain Touraine, sociologue, Officier en 1993 et Marc Fumaroli, historien, de l'Académie française, Officier en 2002.

Les personnalités du **monde industriel** accèdent elles aussi aux dignités : François Bloch-Lainé, ancien Président du Crédit Lyonnais est Grand'Croix (1999) comme Charles Mérieux, Président de laboratoire (1997) et Jean Martre, PDG d'Aérospatiale (2003). Sont aussi honorés : José Bidegain, industriel (Commandeur, 1993), les couturiers Pierre Cardin (Commandeur, 1997) et Louis Féraud (Officier, 1995), le créateur en parfumerie Yves Rocher (Officier, 1992) et le journaliste Jacques Fauvet (Grand'Croix en 2002).

Parmi les écrivains, la Légion d'honneur accueille notamment pour la Grand'Croix : Maurice Genevoix (1964), André Maurois (1965), André Chamson (1967), Jules Roy (1990), Claude Levy-Strauss (1992), Maurice Rheims (1995), Maurice Druon (2001), comme Grands Officiers, Hervé Bazin (1995), Alain Decaux (1995), Jean d'Ormesson (2002), Michel Déon (Commandeur 2002), Robert Sabatier (Commandeur, 1991), Jean Lacouture (Officier, 1993).

Si l'**aviateur** Maurice Bellonte, coéquipier de Costes dans la première liaison aérienne Paris-New York, devient Grand'Croix en 1980, Jacqueline Auriol, ancien pilote d'essais, détentrice de plusieurs records du monde aériens de vitesse, obtient quant à elle en 1992, la dignité de Grand Officier.

Les **compositeurs** Olivier Messiaen (Grand'Croix, 1986), Henri Dutilleux (Grand'Croix, 2004), Pierre Schaeffer (Commandeur, 1994), et Jean-Pierre Rampal (Commandeur, 1991), les cinéastes Gérard Oury (Commandeur, 1991) et Jean-Paul Rappeneau (Officier, 2003), l'artiste de variétés Raymond Devos (Commandeur, 1995), le photographe Robert Doisneau (Officier, 1993), le comédien et metteur en scène Robert Hossein (Officier, 2000), Francis Huster (Chevalier, 1991) témoignent parmi d'autres, de la diversité des récompenses conférées dans le domaine artistique où Edwige Feuillère, célèbre artiste dramatique est Grand Officier en 1993.

Toujours dans le domaine artistique, Madeleine Renaud et Jean-Louis Barrault sont réunis dans la dignité de Grand Officier, Jean-Claude Brialy est Commandeur en 2004, Michel Bouquet et Danielle Darrieux sont Officiers, Michel Piccoli et Jacques Weber, Chevaliers.

M. Marceau Long
ancien Vice-Président du Conseil d'État
Grand'Croix de la Légion d'honneur

Jean-Claude Brialy a reçu les insignes d'officier de la Légion d'honneur en 1994

Dans le **monde du sport** deviennent Légionnaires, les responsables associatifs, dirigeants de clubs, enseignants mais aussi sportifs de haute compétition. C'est là, une pratique qui date de 1935, année où fut décoré Louis Chiron, coureur automobile et qui fut confirmée en 1949, lorsque Marcel Cerdan fut décoré à titre posthume. Elle permet de rendre hommage à l'élite sportive du pays. Citons notamment Jean-Claude Killy, champion olympique de ski, Grand Officier du 16 mai 2000, en qualité de triple champion olympique, Président de sociétés, la championne olympique d'athlétisme Colette Besson (Officier, 1995), Alain Prost, champion du monde automobile (Officier, 1994), Jacques Anquetil (Chevalier, 1966), Raymond Kopa (Chevalier, 1970), Éric Tabarly (Commandeur, 1998), Roger Frison-Roche, guide de haute montagne mais aussi écrivain (Commandeur, 1992), enfin Christine Janin, première alpiniste française ayant gravi l'Everest (Chevalier, 1996) et David Douillet, champion du monde et champion olympique de judo (Chevalier, 1996).

La légion d'honneur est une cathédrale que la France construit depuis deux siècles, un lieu de l'imaginaire, évidemment un panthéon personnel où figurent mes héros de l'enfance.

Dans ce sanctuaire, j'ai toujours rêvé d'être accueilli par Jean Mermoz, pilote immortel et, pour toujours, Commandeur de la Légion d'honneur.

Avant son dernier envol à Dakar, un peu avant sept heures du matin le 7 décembre 1936, il dit : « Vite, ne perdons plus de temps ». Ce sont ses derniers mots sur terre.

C'est aussi une fière devise que je pourrai faire mienne, car si je dois parler de moi, je n'ai pas souvenir d'avoir fait attendre.

En revanche j'ai attendu. Pour rejoindre mon père, Robert Killy, pilote de guerre, dans l'ordre de la Légion d'honneur. Une attente fière et délicieuse : une exigence.

Jean-Claude Killy
champion olympique de ski
Grand Officier de la Légion d'honneur.

Les personnalités de la Résistance occupent, elles aussi dans les grades et dignités de la Légion d'honneur une place privilégiée, à la mesure du courage et des sacrifices consentis pendant l'occupation. Parmi les Grand'Croix, citons : Maurice Belleux, Président de la Commission nationale consultative de la Résistance (1989), Pierre Sudreau, ancien chef de réseau (1992), Philippe Peschaud, Président de l'Association des anciens de la 2e DB (1995), Henri Rol-Tanguy (1994), Geneviève de Gaulle-Anthonioz (1997). Parmi les Grands Officiers Pierre de Bénouville (1994), Lucie Aubrac (1995) et tant d'autres.

Mais cette énumération prestigieuse ne suffit pas si l'on veut décrire fidèlement les mérites qu'honore la Légion d'honneur.

Il faudrait pour ce faire évoquer aussi les nombreux Chevaliers dont les fonctions sont quelquefois obscures mais exercées sous le signe du dévouement absolu.

A titre d'exemple, si le ministère de l'Intérieur propose deux Préfets de région, Gabriel Delaunay et Lucien Vochel, Grands Officiers en 1972 et 1987, et d'importants hauts fonctionnaires pour Commandeur, il honore aussi pour Chevalier d'autres agents aux fonctions très diverses.

En voici des exemples :

« ouvrier spécialisé, aide-démineur au service de déminage de Caen, 34 ans de services,... directeur des services incendie et de secours d'Ille-et-Vilaine, 34 ans de services,... contrôleur général de la Police nationale, 38 ans de services..., ancien député, 56 ans de services et de fonctions électives..., sous-préfet, 31 ans de services civils..., maire, 41 ans de fonctions électives..., chef de service régional de transmission d'informatique, 38 ans de services... » (Journal officiel, année 1991)

Professeur Luc Montagnier, fondateur de la Fondation mondiale recherche et prévention du Sida, Commandeur de la Légion d'honneur

Le ministère de l'Agriculture offre aussi dans son domaine une grande diversité :

« ... inspecteur général de l'Agriculture..., conseiller de restauration..., directeur des ventes dans une société d'engrais..., président d'un syndicat intercommunal d'aménagement rural..., viticulteur..., directeur au Crédit Agricole..., (Journal officiel, année 1991).

Hubert Leclerc de Hautecloque promu Commandeur de la Légion d'honneur le 11 décembre 1995

Et si parmi les religieux, deux membres éminents de l'Episcopat français, les cardinaux Achille Liénart et Maurice Feltin sont Grand'Croix respectivement en 1969 et 1974, il faut évoquer aussi

sœur Germaine Calcagni, religieuse missionnaire en Nouvelle-Guinée, qui en 63 années d'apostolat dans ce pays « s'est consacrée aux populations indigènes, dans un environnement difficile et hostile, tour à tour infirmière, assistante sociale, pédiatre, puéricultrice et psychologue » (Chevalier, 1991).

Combien d'exemples pourraient être cités en d'autres domaines, de courage dans la persévérance lorsqu'une carrière entamée au plus bas de l'échelle sociale s'achève au sommet.

Citons cet ouvrier agricole Marc Konicheff, né en 1940 et dont la carrière se déroule ainsi :

1954 : ouvrier agricole ;

1958 : ouvrier en construction métallique ;

1962 : ouvrier spécialisé ; puis chef d'équipe, contremaître, responsable de la production (atelier de 900 personnes) ;

1987 : directeur général ;

1991 : président directeur général (Chevalier, 1995).

Citons enfin, Henri Noel, apprenti cordonnier à 12 ans, compagnon du tour de France, mobilisé en 1914-1918, qui après la guerre, fonde son entreprise avec six salariés, puis cinquante en 1924 et près de mille en 1991..., 87 ans de services civils et militaires (Chevalier, 1991).

Mme Claudie Haigneré
Officier de la Légion d'honneur

Il faut évoquer aussi les propositions faites à titre exceptionnel, conçues pour récompenser, en temps de paix, soit des actions d'éclat, soit des actes de courage ou de dévouement particulièrement brillants, soit alors des services d'une particulière densité. Elles concernent, chaque année, des dizaines de citoyens : elles ont permis de décorer notamment en 1992, 4 médecins et chirurgiens ayant sauvé des vies après l'effondrement de la tribune du stade de Furiani et en 1993, 3 femmes particulièrement courageuses lors de la prise en otage d'une classe d'enfants d'école maternelle à Neuilly, Laurence Dreyfus, l'institutrice, Catherine Ferracci, médecin du SAMU et Evelyne Lambert, médecin capitaine des sapeurs-pompiers.

Quant aux femmes, le lent mouvement de l'histoire leur confère peu à peu des responsabilités dans toutes les branches de la société. Il se traduit aussi dans les effectifs de la Légion d'honneur puisque depuis 1962, les femmes ont représenté plus de 10 % des nominations, proportion sans doute insuffisante mais bien supérieure à ce qu'elle était voici quelques décennies.

Si avant le Code de la Légion d'honneur, deux femmes seulement avaient reçu une dignité en 160 ans, depuis 1963, trois ont été faites Grand'Croix, vingt-trois sont devenues Grands Officiers.

FEMMES GRAND'CROIX DE LA LÉGION D'HONNEUR DEPUIS LA CRÉATION DE L'ORDRE

ANNÉE DU DÉCRET	NOM - PRÉNOM
1997	Geneviève Anthonioz-de Gaulle, Ancienne résistante, Présidente d'une fondation caritative.
1999	Valérie André, Médecin Général Inspecteur.
1999	Germaine Tillion, Ancienne résistante, Ethnologue, Universitaire.

FEMMES GRANDS OFFICIERS DE LA LÉGION D'HONNEUR DEPUIS LA PUBLICATION DU CODE DE LA LÉGION D'HONNEUR

ANNÉE DU DÉCRET	NOM - PRÉNOM
1975	Louise Weiss, Femme de Lettres.
1976	Charlotte Bequignon, Conseiller honoraire à la Cour de Cassation.
	Yvonne Foinant, Présidente de l'Association des Femmes Chefs d'Entreprises.
	Nadia Boulanger, pianiste virtuose.
1977	Lucie Chevalley, Présidente du Service Social d'Aide aux émigrants.
	Marie-Jeanne Durry, Femme de Lettres, Universitaire.
1978	Thérèse Bertrand-Fontaine, Médecin honoraire des Hôpitaux.
1979	Lucie Perchot, Présidente d'Œuvres Médicales et Sociales.
1980	Gilberte Champion, Ancienne résistante.
1984	Madeleine Renaud, Artiste dramatique.
1985	Magda Tagliaferro, Pianiste virtuose.
1989	Eugénie Valois, Ancienne résistante.
1990	Yvette Farnoux, Ancienne résistante.
	Antoinette Guerrini, Inspecteur Général honoraire de l'Instruction Publique.
1992	Jacqueline Auriol, Ancien pilote d'essais.
	Edwige Feuillère, Artiste dramatique.
1995	Lucie Aubrac, Ancienne Résistante.
1997	Simone Rozes, Premier Président honoraire de la Cour de Cassation.
1998	Jacqueline de Romilly, Membre de l'Académie Française, Universitaire.
2001	Augustine Jouhaux, Présidente d'association.
2002	Nicole Le Douarin, Secrétaire perpétuelle de l'Académie des Sciences.
2003	Jacqueline Beytout, Vice-Présidente d'associations humanitaires

Le Président de la République décore Christine Janin, première alpiniste française ayant gravi l'Everest (Chevalier 1996)

Les artistes (Michèle Morgan, Danielle Darrieux, Line Renaud), les sportives (Monique Berlioux, ancien directeur du Comité international olympique, Marielle Goitschel, ancienne championne olympique de ski) l'astronaute Claudie Haigneré, devenue Ministre de la Recherche et des nouvelles Technologies, mais aussi les femmes chefs d'entreprises ou les enseignantes accèdent en nombre croissant aux différents grades. La promotion du 1er janvier 1992 du ministère de l'Éducation nationale offre ainsi un bel exemple d'hommage aux femmes. Y figurent pour Chevalier :

– Mme Berthel, secrétaire d'administration scolaire et universitaire à Vesoul ;

– Mme Carrère, proviseur du lycée technique de Châtenay-Malabry ;

– Mme Decobert, directrice d'école maternelle à Saint-Venant ;

– Mme Dupraz, directrice d'école maternelle à Moirans ;

– Mme Fehlmann, inspecteur de l'enseignement technique à Caen ;

– Mme Thalmann, professeur d'université à Paris-VII...

Comment ne pas citer enfin au florilège ce médecin de centre pénitentiaire, Jacqueline Postel-Vinay qui, le 14 août 1991, lors d'une prise d'otages au centre pénitentiaire de Fresnes, s'est substituée à une infirmière prise en otage et qui pendant toute la durée de ces événements a joué un rôle modérateur auprès des détenus et a apporté un soutien moral aux otages (Chevalier, 1991).

LES SERVICES MILITAIRES RÉCOMPENSÉS DEPUIS 1962

Le Code de la Légion d'honneur — dont nous venons de dire combien il était rigoureux pour les activités civiles — a durci aussi pour les militaires les conditions d'entrée dans la Légion d'honneur.

Remise de décorations aux Invalides par le Président Pompidou

Toutefois, bien qu'ils aient été décorés en grand nombre avant 1962 pour les titres acquis de 1914 jusqu'aux opérations d'Algérie, ils sont encore nombreux, lorsqu'intervient le Code, à posséder des titres de guerre non récompensés.

Un effort particulier va donc être accompli en leur faveur.

D'abord pour les militaires d'active. Honorés lors de la promotion du mois de juillet, ils sont 800 environ à être élevés ou promus chaque année.

Parmi les Grand'Croix, remarquons les Généraux Gambiez (1962), Olié (1962), Ailleret et Le Puloch (1964), Cantarel (1968), Massu et Philippe Maurin (1969), Fourquet (1970), Simon (1973), Bigeard (1974), de Boissieu (1975), Vaillant (1976), Biard (1979), Gandoet (1979), Saint-hillier (1982), Jacques Mitterrand (1984), Glavany (1985), Bizard (1986), Imbot (1988), Schmitt (1990), Forray (1991), Liron (1991), Fleury (1992), Lanata (1994), Compagnon (1995), Guignon (1995), Le Ray (1996), Douin (1998), Roquejoffre (1999), de Bordas (2000), Forget (2001), François Maurin (2003), les Amiraux Jubelin (1966), Patou (1971), Coatanea (1993), Klotz (2000).

Les Commandeurs et les Officiers sont des Généraux et des Officiers Supérieurs possédant des titres de guerre souvent nombreux et ayant exercé des commandements.

Insigne de l'Ordre de la libération

Remise de décorations aux Invalides par le Président Valéry Giscard d'Estaing

Voici un exemple d'officier très méritant (2 citations 1994 et 1995)

Le lieutenant Heluin, engagé au Rwanda dans le cadre de l'opération Turquoise, s'est particulièrement distingué le 4 juillet 1994 à Kagabiro.

Malgré l'hostilité de la population et la présence menaçante de miliciens en armes a libéré six enfants et leurs mères séquestrés dans l'école.

Avec fermeté et sang-froid, malgré la situation extrêmement tendue, a pris sous sa protection les otages pour les placer en lieu sûr.

A fait preuve d'un courage remarquable. Mérite d'être cité en exemple. ***Cité à l'Ordre du Régiment.***

Détaché en ex-Yougoslavie au sein du bataillon d'infanterie n° 4 à Sarajevo depuis le 15 mai 1995 dans le cadre de la Force de protection des Nations unies, a fait preuve des plus belles qualités militaires et professionnelles.

Le 27 mai 1995, à la tête de sa section, s'est lancé, avec détermination et mépris du danger, à l'assaut du poste de Verbanja occupé par des forces serbes.

Blessé à l'arcade sourcilière, a refusé d'être évacué et a continué à diriger ses chefs de groupe, sans faillir, sous des feux nourris, pour mener à bien la reconquête du poste. ***Cité à l'Ordre de l'Armée*** *(Chevalier, 1995).*

Remise de décorations aux Invalides par le Président Mitterrand

Les Sous-officiers accèdent eux aussi au grade de Chevalier lorsqu'ils sont titulaires de plusieurs titres de guerre :

> *« ... Adjudant-chef Bylicki, 41 ans, 23 ans de services, 3 citations, Tchad, Liban, Tchad » (Chevalier, 1995).*

> *« ... Adjudant-chef Buono, 40 ans, 23 ans de services, 3 citations obtenues au Liban » (Chevalier, 1995).*

Les citations cependant se raréfient puisque la France est en temps de paix. Si en 1965, 76 % des Chevaliers de la Légion d'honneur étaient cités, en 1980, ils n'étaient plus que 40 %, en 1994, 24 %...

Ainsi, le facteur déterminant pour l'attribution d'une décoration devient-il, peu à peu, celui de l'exercice de la responsabilité au détriment du titre de guerre devenu plus rare.

Des dispositions récentes permettent enfin de décorer aussi des personnes tuées ou blessées dans l'accomplissement de leur devoir et auxquelles le Gouvernement souhaite témoigner le plus rapidement possible la reconnaissance du Pays. Parmi elles ont figuré récemment plusieurs dizaines de soldats français tués ou blessés dans le cadre de missions de paix ou humanitaires, notamment au Rwanda ou dans l'ex-Yougoslavie.

Quant aux dignités et grades conférés sur le contingent des réserves, ils récompensent certes des réservistes assidus souvent membres de professions libérales, chefs d'entreprise ou ingénieurs auxquels leur activité dans les réserves, conjuguée avec leurs titres civils, mais pour l'essentiel, d'anciens militaires d'active très méritants aux carrières quelquefois héroïques :

– Général Louis Fourcade, 20 citations dont 11 avec palme, obtenues en 1939-1945, Indochine et Algérie (Grand'Croix, 1992) ;

– Général Delayen, 19 citations dont 11 avec palme et 3 blessures de guerre (Grand'Croix, 1996) ;

– Pierre Clostermann, 33 victoires aériennes, 18 citations avec palme, 1 blessure de guerre (Grand'Croix, 1991) ;

– Général Maurice Henry, 12 citations dont 5 avec palme, 5 blessures de guerre en 1939-1945, Indochine et Algérie (Grand'Croix, 2002) ;

– Colonel Dominique Taddei, 17 titres de guerre dont 4 citations avec palme en 1939-1945, Indochine et Algérie (Grand Officier, 1995) ;

– Colonel Pierre Boillot, 14 citations dont 6 avec palme (Grand Officier, 1993) ;

– Capitaine de la Poype, 12 citations dont 10 avec palme (Grand Officier, 1995) ;

– Abbé Joseph Casta, aumônier militaire, 11 citations dont 3 avec palme, 1 blessure de guerre (Grand'Croix, 2004) ;

– Lieutenant-colonel André Turpin, 17 citations dont 11 avec palme, Indochine et Algérie (Grand Officier, 2002).

Le Général Louis Fourcade élevé à la dignité de Grand'Croix de la Légion d'honneur

Monsieur Charles Longelin a effectué ses obligations légales le 15 octobre 1938.

Affecté au 9e régiment de zouaves, il sert successivement en Algérie et en Tunisie.

Rappelé en métropole pour participer aux combats de la 2e Guerre mondiale, il est blessé le 6 juin 1940 et capturé par les Allemands le surlendemain. Hospitalisé à Saint-Quentin, il s'évade le 21 juillet 1940.

Embarqué le 1er avril 1941, il tente de rejoindre les forces françaises libres en se jetant à l'eau dans le détroit de la Sonde. Il est malheureusement récupéré par les autorités dépendant du gouvernement de fait de Vichy et condamné à la dégradation militaire et à la confiscation de ses biens.

Libéré le 21 novembre 1944 de la prison centrale de Saïgon, il est relevé de sa déchéance par jugement de la Chambre de Révision de la Cour d'Appel de Saïgon.

Affecté au service cartographique à Phnom Penh à compter du 22 novembre 1944, il est rappelé à Saïgon le 9 mars 1945 et capturé par les Japonais le même jour.

Après avoir été torturé par la « Kempétaï », il eset remis au camp de prisonniers français des Pallières jusqu'au 11 septembre 1945, date de la signature du traité de paix sur le « Missouri » et, affecté au 11e RIC. Il participe à la libération de Saïgon.

Grièvement blessé, il est rapatrié sanitaire à bord du cuirassé « Richelieu ».

C'est au terme d'une carrière de guerrier particulièrement mouvementée qu'il rentre en France métropolitaine où il accomplit une carrière professionnelle dans les services du Ministère des Finances. C'est toutefois à jamais marqué, dans son âme et dans sa chair, par les stigmates de la barbarie de ses tortionnaires japonais qu'il continuera son existence (Chevalier, 1995).

Parmi les grades, viennent pour Commandeur, des Colonels bien sûr mais aussi des Capitaines ayant 12 titres de guerre, et pour Officier, des Adjudants titulaires de 10 citations,... et même un Sergent-chef, Félix Rebours, ayant à son actif 11 titres de guerre dont 7 citations en Algérie (Officier, 1989).

Après les réservistes, il faut noter l'effort particulier accompli en faveur des Anciens Combattants de 1914-1918.

Les Pouvoirs Publics ont constaté en 1959 qu'ils étaient encore des milliers, titulaires de 5 titres de guerre et décorés seulement de la Médaille Militaire. Un texte particulier va leur permettre dès 1960 d'être nommés Chevaliers de la Légion d'honneur sans limitation de nombre. Par la suite, le nombre de titres exigés diminuera jusqu'à permettre ainsi aux derniers survivants d'obtenir la consécration suprême à l'occasion d'une promotion spéciale en 1995. Ils auront été ainsi, depuis 1962, environ 45000 « poilus » à obtenir le ruban rouge.

La Croix de Chevalier va aussi s'offrir aux Anciens Combattants de 1939-1945, à ceux d'Indochine et d'Algérie qui, pourvus d'au moins 4 titres de guerre, peuvent encore être nommés dans la Légion d'honneur (350 par an en moyenne entre 1980 et 1990, une centaine encore aujourd'hui).

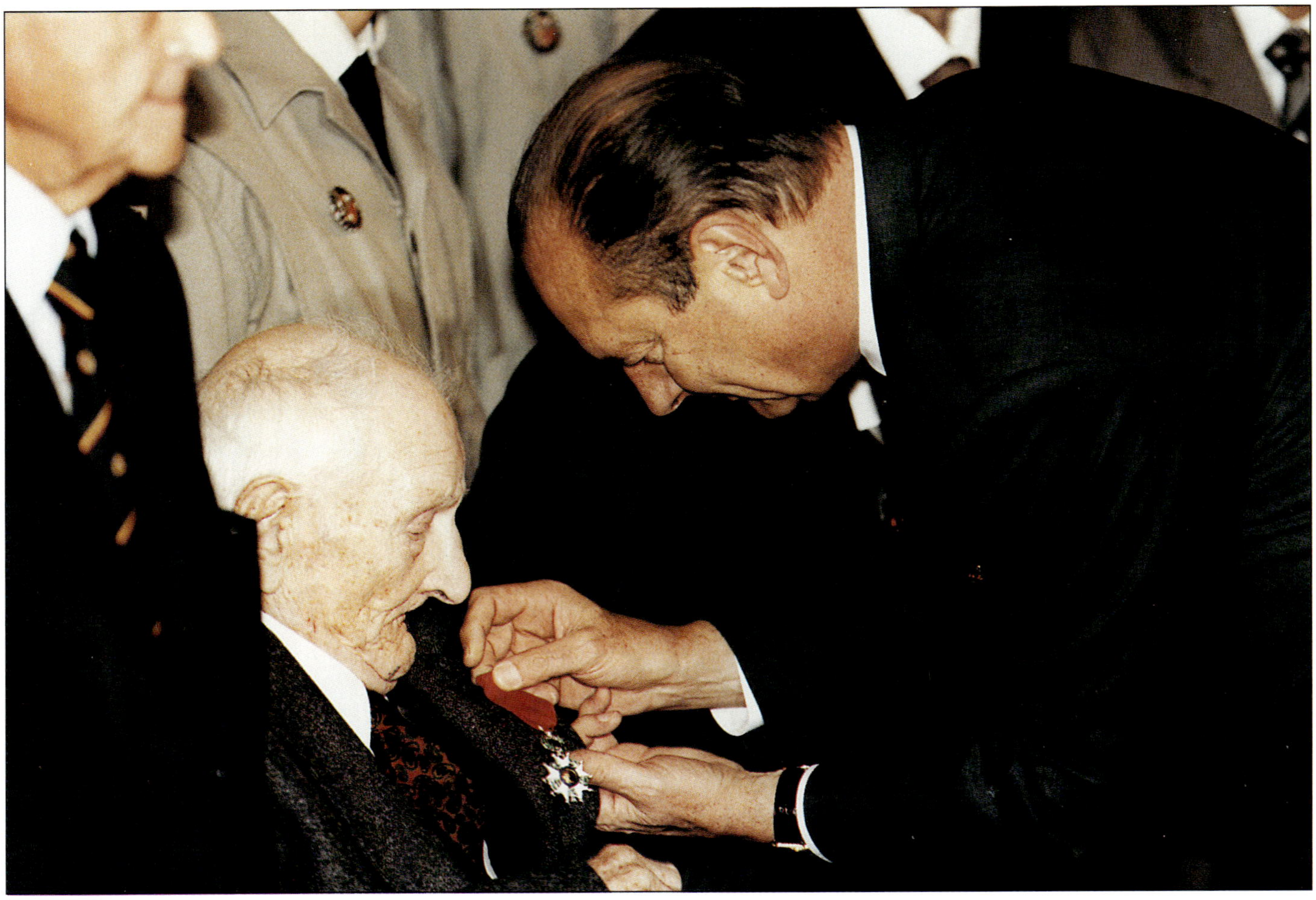

11 novembre 1995 : le Président Chirac décore un ancien combattant de la guerre 1914-1918

Caporal Marcel Roche, né le 4 décembre 1898 :

***Cité à l'Ordre de la Division** le 9 septembre 1917, excellent légionnaire, d'un courage à toute épreuve, blessé au début de l'action le 20 août 1917, est revenu à sa place de combat aussitôt après avoir été évacué.*

***Cité à l'Ordre de la Brigade** le 29 novembre 1917, légionnaire brave et résolu, s'est distingué par son ardeur et son sang-froid pendant le coup de main du 10 novembre 1917.*

***Blessé** par gaz le 13 juin 1918. Conjonctivite produite par les gaz.*

***Cité à l'Ordre de la Brigade** le 14 août 1918. S'est particulièrement distingué au cours des combats du 26 avril au 7 mai par la bravoure et le dévouement avec lesquels il a rempli ses fonctions d'agent de liaison malgré les feux violents de l'ennemi.*

***Blessé** le 2 septembre 1918 au bras droit par éclat d'obus.*

***Cité à l'Ordre de la Brigade** le 16 septembre 1918. Excellent Caporal d'un courage et d'un sang-froid remarquables. A été blessé le 2 septembre 1918 en entraînant brillamment ses hommes à l'assaut des positions ennemies.*

***Cité à l'Ordre de la Brigade** le 14 août 1919. S'est particulièrement distingué au cours des combats par la bravoure et le dévouement avec lesquels il a rempli ses fonctions d'agent de liaison malgré les feux de l'ennemi. Croix de Guerre avec une étoile d'argent, quatre étoiles de bronze (Chevalier, 1995).*

BAJEUX Marie-Rose, conductrice du 25e Bataillon Médical.

« Jeune conductrice remplie d'enthousiasme et d'allant qui s'est engagée volontairement au 25e Bataillon Médical au mois de septembre 1944 et s'est rapidement imposée à l'admiration de tous par son courage et son énergie.

Le 26 novembre 1944, au cours des opérations de nettoyage de l'Oberwald a fait preuve d'un magnifique mépris du danger. Cernée avec quatre conductrices dans les ruines d'une centrale électrique, s'est prodiguée pour panser les blessés. Aidée d'un brancardier a ramassé sous le feu ennemi son chef de section qui venait d'être grièvement blessé.

Prisonnière des Allemands a réussi à obtenir d'eux, l'autorisation de ramener vers nos lignes le corps d'un officier mort et trois conductrices blessées grièvement. Pour arrêter le tir des armes automatiques qui barrait la route et assurer sa mission, s'est avancée courageusement en avant de son ambulance, un fanion de la Croix-Rouge à la main.

Par sa vaillance et sa maîtrise a suscité l'admiration de tous les combattants. »

Croix de Guerre 1939-1945 avec Palme.

« Ambulancière de la 2e CR qui n'a pas cessé de faire preuve au cours des opérations d'Alsace et de la campagne d'Allemagne des qualités exceptionnelles de dévouement et de sang-froid. Constamment volontaire pour les missions vers l'avant, cette conductrice a œuvré de jour comme de nuit sur des routes exposées, des parcours longs et à peine reconnus, avec un cran et une endurance exemplaires. Par son mépris du danger et son esprit de sacrifice, elle s'est acquis définitivement l'estime des combattants et mérite d'être hautement félicitée. »

Croix de Guerre 1939-1945, avec étoile de bronze (Chevalier de la Légion d'honneur, 1993).

Au titre des régimes dérogatoires anciens, signalons que continuent d'être décorés, sans limitation de nombre, tous les mutilés de guerre au taux de 100 %, qui obtiennent deux voire trois récompenses en fonction de leur degré de mutilation : près de 30000 avaient été décorés entre 1963 et 1970. Les chiffres ont bien entendu diminué par la suite (816 mutilés sont décorés en 1975, 489 en 1980, 140 en 1990), mais il s'agit là d'une diminution liée à la raréfaction des survivants des différentes guerres.

LA LÉGION D'HONNEUR AUX ÉTRANGERS

Si la Légion d'honneur est une Institution nationale, son prestige est international et l'intérêt qu'elle suscite déborde largement les frontières du Pays.

De nombreux Gouvernements étrangers se sont inspirés de son organisation et de ses principes lorsqu'ils ont créé ou modifié leurs systèmes de décorations. Aujourd'hui encore, de tous les continents, sont sollicités auprès de la Grande Chancellerie, conseils et documentation.

Sans doute cet engouement tient-il au fait que la Légion d'honneur a répondu, par sa nature, au mouvement qu'ont connu les sociétés occidentales depuis deux siècles : premier grand *Ordre de Mérite* venant après les Ordres de pure chevalerie, elle récompense des *titres* non point transmis mais *acquis* et ce dans *toutes les activités* de la Nation.

De surcroît, elle est conférée en nombre suffisant : l'on peut donc raisonnablement l'espérer tandis qu'on n'espère pas des décorations dispensées, comme dans certains pays, en nombre trop restreint.

Les étrangers sont nommés, ou promus dans la Légion d'honneur mais non reçus. Ce régime particulier remonte aux origines de l'Institution : il fallait alors, lors de la réception, prêter serment à la patrie, exigence qu'il n'était pas possible d'envisager pour les étrangers. Ils furent dispensés de la réception et le sont encore aujourd'hui.

De toutes les décorations que j'ai reçues au cours de ma vie, la *Légion d'honneur*, dont je suis membre, est certainement celle qui m'a le plus touché.
C'est parce qu'elle évoque les trois vertus françaises que sont le *Courage*, la *Lucidité* et l'*Esprit de Création*.
J'insisterais d'autant plus sur cette dernière que je suis d'abord un poète et que la *poiêsis* grecque signifie « création ».
C'est sur le modèle de la Légion d'honneur que j'ai créé, au Sénégal, l'*Ordre du Lion*.
En effet, comme vous le savez, le Lion représente la principale vertu sénégalaise : le *Courage*.

Léopold Sédar Senghor
de l'Académie française
ancien Président
de la République du Sénégal
Grand'Croix de la Légion d'honneur.

Ils peuvent être décorés à deux titres :
D'une part, au titre des échanges diplomatiques, à l'occasion des voyages de Chefs d'État ou lors de missions d'Ambassadeurs ou de Hauts Responsables militaires.
En ces circonstances, la Dignité de Grand'Croix est réservée aux Chefs d'État, celle de Grand Officier à leurs collaborateurs ou aux Chefs de Gouvernements et les différents grades aux autres responsables du pays concerné, selon la place que leur confère le Protocole. Ont été notamment décorés à ce titre, la Reine Elisabeth II, le Roi Baudoin de Belgique, le Président américain Reagan et le Président sud-africain Mandela.
D'autre part, les étrangers ayant rendu des services à la France ou aux causes qu'elle soutient peuvent être décorés dans des conditions proches de celles prévues pour les Français. Tous les ans, 200 d'entre eux environ, harmonieusement répartis entres les continents, officiers généraux ou médecins, industriels ou artistes sont proposés par le ministre des Affaires Étrangères.
Voici les Prix Nobel : Élie Wiesel, Prix Nobel de la Paix (Grand Officier, 1990), Miguel-Angel Asturias, Littérature (Grand Officier, 1970), Pablo Neruda, Littérature (Grand Officier, 1973), Gabriel García-Márques, Littérature (Commandeur, 1980), Ilya Prigogine, Chimie (Commandeur, 1989), Arvid Carlsson, Médecine (Officier, 2001), Martinus Veltman, Physique (Officier, 2000) et Gerardus Hooft, Physique (Officier, 2000).
Voici les astronautes et cosmonautes et d'abord les membres de l'équipage « Apollo XI », auteurs du premier alunissage en 1968 : Neil Armstrong, Edwin Aldrin et Michael Collins (Chevaliers, 1969), puis Volkov et Titov, commandants de bord du premier vol spatial franco-soviétique (Commandeurs, 1989). Les autres membres de cet équipage seront eux aussi décorés comme ceux « d'Apollo XIII » (1970), et de la navette « Discovery » (1985).
Parmi les militaires décorés, citons le Général américain Norman Schwarzkkopf, commandant en chef des forces américaines en Arabie Saoudite pendant la guerre du Golfe (Grand Officier, 1991).
Au titre de la Résistance, remarquons le magnifique courage de Fernande Servagnat, 27 ans : « ressortissante belge, elle entre dès 1940 dans la Résistance en nouant des contacts avec les organismes clandestins belges afin de faciliter l'hébergement de résistants en route pour l'Angleterre. Elle participe par ailleurs comme agent de liaison au transport de plis et messages. Faisant partie du réseau des FFC BOA (bureau des opérations aériennes), elle est chargée, le 1er janvier 1943, de l'écoute des messages en vue de parachutages, assurant ainsi le contrôle de 38 terrains. Elle organise, de plus, à son domicile, un important dépôt d'armes, prenant part à de nombreux transports et hébergeant des aviateurs alliés. Le 6 décembre 1943, elle est arrêtée par la Gestapo, conduite en prison, puis déportée le 22 avril 1944 au camp de Ravensbruck. Elle est rapatriée le 20 mai 1945 (Commandeur, 1994).

Le Général Dwight Eisenhower (Grand'Croix, 1943 à titre militaire)

Peter Brook (Officier de la Légion d'honneur)

Aux côtés d'Henry Ford, Président du célèbre groupe industriel américain (Commandeur, 1973), ou de Miguel Indurain, champion cycliste espagnol, vainqueur du Tour de France (Chevalier, 1993), nombreux sont **les artistes** titulaires d'un grade de l'Ordre : Charlie Chaplin est Commandeur en 1971 comme Marlène Dietrich en 1990, Orson Welles en 1992 et Gregory Peck en 1995. Sont Officiers, deux metteurs en scène : le polonais Wajda (1982) et l'anglais Peter Brook (1995) ; est Chevalier en 1987, Rudolph Noureïev, directeur de la danse à l'Opéra de Paris.

Les maires de quatre grandes villes africaines : Casablanca (Maroc), Tunis (Tunisie), Saint-Louis (Sénégal) et Libreville (Gabon) seront décorés par le Président de la République le 3 novembre 1995, pour l'action qu'ils conduisent au sein de l'association internationale des maires francophones. Signalons aussi Jean Drapeau, maire de Montréal (Commandeur de la Légion d'honneur de 1983).

Enfin le Président de la République fera Chevalier, le 23 octobre 2001, trois des pompiers de New York morts lors des opérations de sauvetage après l'attentat du World Trade Center : le Chef du département, Peter Ganci, le Premier Vice-Commissaire, William Feehan et l'aumônier, le Père Mychal Judge.

Remise de la Légion d'honneur par le Président Chirac aux veuves des diplomates américains tués en Bosnie à l'été 1995

Au total, les étrangers sont nombreux de par le monde, à s'honorer d'un grade de la première décoration française qu'ils considèrent pour leur part, dans leur grande majorité, comme la première du monde.

LES EFFECTIFS DE LA LÉGION D'HONNEUR AUJOURD'HUI

Nous l'avons déjà dit, les effectifs de la Légion d'honneur, qui avaient suivi une progression régulière jusqu'au début du XXe siècle, ont augmenté brusquement après chacune des deux grandes Guerres mondiales. Cette croissance répondait à la nécessité de récompenser les actes de courage ou de dévouement qui se manifestent toujours lorsque le Pays est en guerre.

En 1962, la Légion d'honneur comptait plus de 300 000 membres. Alors que la France retrouvait le temps de paix, le Général de Gaulle estima qu'il convenait de stopper cette progression qu'il jugeait dangereuse pour le prestige de l'institution.

Il fixa dans le Code de la Légion d'honneur un objectif à atteindre pour la fin du XXe siècle : *125 000 membres.*

Pour y parvenir, il réduisit le nombre de décorations conférées, politique que suivirent ses sucesseurs.

Aujourd'hui, les moyens modernes de gestion de fichiers dont s'est dotée la Grande Chancellerie permettent d'affirmer que l'objectif assigné par le Général de Gaulle est atteint, la Légion d'honneur comptant officiellement 113 000 membres.

EVOLUTION DE L'EFFECTIF DES MEMBRES DE LA LEGION D'HONNEUR DEPUIS L'ORIGINE

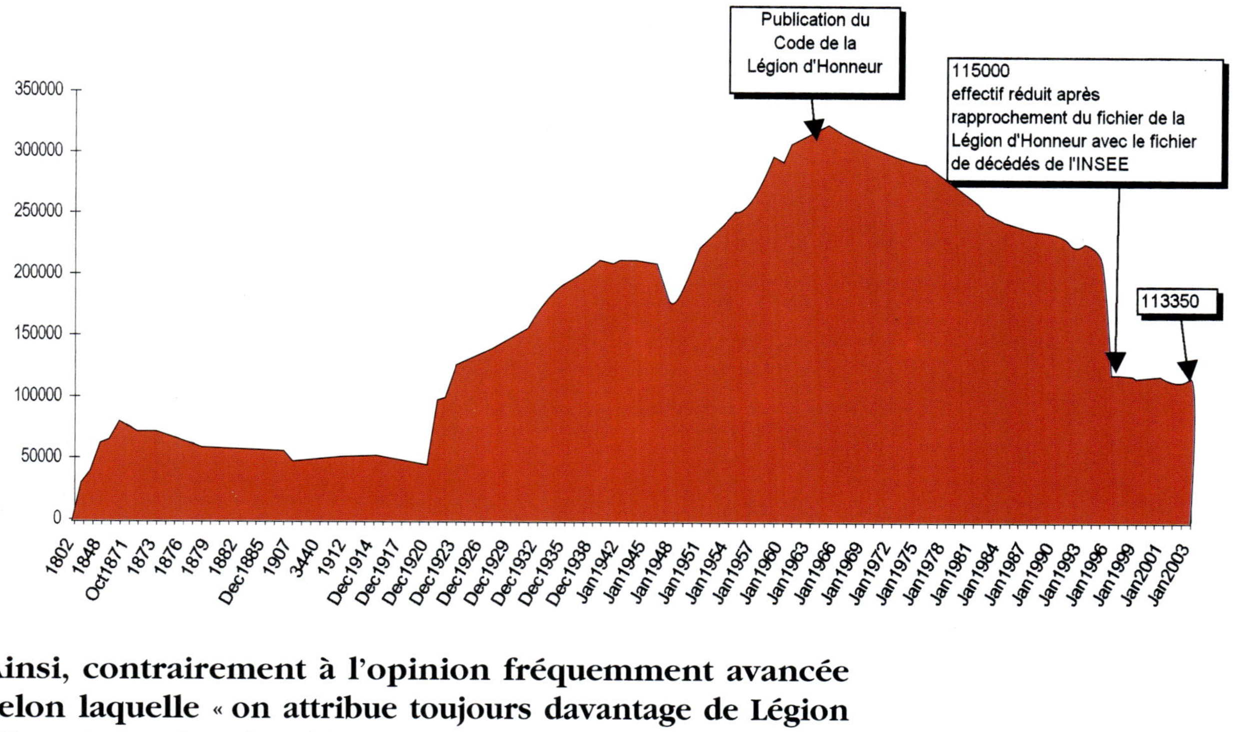

Ainsi, contrairement à l'opinion fréquemment avancée selon laquelle « on attribue toujours davantage de Légion d'honneur », l'Ordre, bien au contraire, a connu dans les 4 dernières décennies une importante déflation puisque ses effectifs ont été réduits des deux tiers.

CONCLUSION

Ce survol — sans doute trop bref — des mérites passés et présents, montre que la Légion d'honneur accueille bien dans ses rangs, comme elle en a la vocation, des titres éminents de toute nature. Ceux qui y entrent sont des citoyens qui le méritent.

Mais tous ceux qui la méritent y entrent-ils ? Assurément non, car la recherche de tous les citoyens méritants en tous domaines n'est pas chose facile. Fatalement, certains sont oubliés...

Pour y remédier, le Président de la République a décidé dès son arrivée à l'Élysée en 1995 d'augmenter les Croix de Légion d'honneur dans plusieurs secteurs de l'activité nationale ; ainsi en est-il de l'enseignement, de la recherche, de la formation et de la solidarité.

De plus, la Directive du Chef de l'État, publiée au Journal officiel du 9 février 1996 (cf. ci-dessous) a prescrit un renforcement du caractère universel des ordres nationaux.

9 février 1996 JOURNAL OFFICIEL DE LA RÉPUBLIQUE FRANÇAISE 2111

Présidence de la République

Lettre du Président de la République au Premier ministre en date du 5 février 1996 relative aux ordres nationaux

NOR : *PREX9601349X*

Paris, le 5 février 1996.

L'ordre national de la Légion d'honneur et l'ordre national du Mérite concourent au prestige et à la promotion de l'esprit de service dans notre pays.

Les Français doivent pouvoir s'y reconnaître et, pour cela, nos ordres nationaux refléter davantage notre Nation tout entière, les forces, les volontés, les talents, les dévouements qui s'y expriment. Ils se doivent d'accueillir dans leurs rangs des citoyens issus de toutes les composantes de la nation française à mesure qu'elles participent à l'activité, à la richesse, à la solidarité, à la défense et au rayonnement de notre pays.

Posé jadis lors de la création de la Légion d'honneur, réaffirmé depuis par le général de Gaulle, lors de la réforme des récompenses nationales engagée en 1962 par la publication du code de la Légion d'honneur puis achevée en 1963 par la création de l'ordre national du Mérite, ce principe d'universalité a été et demeure pour l'essentiel respecté. Les personnes récompensées l'ont été au titre de mérites incontestables. La diversité des promotions tient au fait que tous les ministères s'y trouvent représentés, chacun d'eux disposant d'un contingent spécialisé.

Dorénavant, je souhaite que s'affirme encore davantage le caractère universel de nos ordres nationaux. Je souhaite que les promotions à venir prennent mieux en compte ce qu'est aujourd'hui la société française, ce qu'ont été ses évolutions récentes, ce que sont désormais ses attentes et ses priorités, en matière notamment d'enseignement, de recherche, de formation et de solidarité nationale.

Renforcer le caractère universel des ordres nationaux, c'est donc veiller à ce que tous les milieux socioprofessionnels y soient représentés. C'est veiller aussi à l'équilibre géographique des promotions.

C'est veiller – j'y attache une importance particulière – à ce que les femmes, dont je note l'inexplicable sous-représentation dans des secteurs où pourtant elles jouent un rôle prépondérant, y soient davantage présentes, conformément à leurs responsabilités croissantes et à la place éminente qu'elles occupent souvent au sein de la communauté nationale.

C'est veiller enfin à ce qu'à tous les niveaux hiérarchiques, et jusqu'aux plus modestes, les hommes et les femmes qui remplissent leurs fonctions de façon exemplaire avec efficacité, intelligence et dévouement se voient aussi récompensés.

C'est dans ces directions et dans cet esprit que travailleront désormais les membres du Gouvernement chargés, aux termes de l'article R. 28 du code de la Légion d'honneur, des propositions de nominations et de promotions dans les ordres nationaux.

J'attends d'eux qu'ils procèdent, dès les promotions à venir, à la recherche la plus large et la plus équitable possible des candidats.

Vous voudrez bien leur donner instruction dans ce sens.

Il revient à chaque ministre, avec l'ensemble des services centraux et territoriaux relevant de son autorité, en liaison avec les collectivités territoriales, les établissements publics placés sous sa tutelle et les organismes, par exemple associatifs, avec lesquels son administration est en relation, d'arrêter les modalités pratiques de cette recherche.

J'attends notamment des préfets, chacun dans son département, au contact direct des réalités locales (économiques, sociales, culturelles), qu'ils remplissent cette mission essentielle d'information, de prospection et de transmission de dossiers de candidatures aux ministres concernés.

Dès lors, au moment d'établir leurs promotions, les ministres seront-ils en mesure de retenir leurs candidats au sein d'un ensemble plus large et plus représentatif, procédant ainsi à une sélection plus juste et plus équitable des membres de nos ordres nationaux.

Je demanderai au grand chancelier de la Légion d'honneur et aux conseils des ordres nationaux de veiller, dès les prochaines promotions, à l'application scrupuleuse de ces dispositions qui visent à renforcer le caractère universel de nos décorations nationales les plus prestigieuses.

Enfin, je veillerai personnellement à ce que ces orientations soient suivies d'effets. Les départements ministériels qui ne s'y conformeraient pas verraient en conséquence diminuer leurs contingents annuels de croix.

JACQUES CHIRAC

Avec le concours de tous les Ministères, de leurs services centraux et territoriaux, s'organise un large travail de recherche destiné à n'oublier aucun des citoyens qui ont mérité la reconnaissance du Pays. Enfin, les femmes sont décorées dans des conditions mieux en rapport avec la place et les responsabilités qu'elles occupent dans la société d'aujourd'hui.

Extrait d'un état de répartition socioprofessionnelle tiré d'une promotion civile récente de la Légion d'honneur, qui en souligne l'extrême variété.

DÉCRET DU .... ÉDITION DU ....

TOTAL * LIBELLÉ-CAT-SOC-PROF * OBSERVATION

16*MBR. ASS. CARIT./ENTR. *	3*AUTRES AG. MIN/ED. NAT *	3*EMPLOI *
1*MONDE MUTUALISTE *	5*FCTNAIRES DES IMPOTS *	2*PERS. MUSEES/CENT. CULT *
4*AIDE SOCIALE *	2*FCTIONNAIRES/DOUANES *	4*LITTERATURE/HISTOIRE *
3*AGENTS MIN/AFF. SOC. *	2*FCTIONNAIRES/TRESOR *	3*MUSIQUE *
4*PROF. LIB. MED./PARAM. *	9*SEC. BANC/ORG. CREDIT *	7*CINEMA/THEATRE *
7*MED. CHF. SV/PRACT. HOS *	2*SECTEUR ASSURANCES *	2*FRANCOPHONIE *
2*ADMIN. HOSPITALIERS *	2*CONS. COMM/FINANCIERS *	2*PEINTURE/SCULPTURE *
1*AUXILIAIRES MEDICAUX *	4*COUR DES COMPTES *	3*EXPLOITANT AGRICOLE *
5*CORPS PREFECTORAL *	7*AUTRES AG. M/ECO. FI. B. *	5*RESP. COOP/ASS. AGRIC. *
1*PERS DES PREFECTURES *	3*CHEFS ENTR. PUBLIQUES *	4*SC. AGRO-ALIMENTAIRE *
29*ELUS LOCAUX *	38*CHEFS ENTR. PRIVEES *	3*CHAMB. D'AGRICULTURE *
7*POLICE NATIONALE *	6*CHAMBRES COMM/INDUST *	3*TECHNICIENS *
2*AGENTS COLLEC. TERRIT *	8*RESP. BR/FD/COM. PROF. *	18*PROF. ENSEIG. SUP. *
3*SEC. CV./SAPEUR POMP *	1*INGENIEURS *	9*DIR. RECH/CHERC/EXPLO *
6*CULTES *	1*AGENTS MIN/INDUSTRIE *	4*DIR. ETAB. SC. COLLABO. *
3*AUTRES AG. MIN/INTER. *	10*CADRES & ADM. DE SCTE *	6*ENVIRONNEMENT *
12*MAGISTRATS C. CASS/AP *	3*POSTE *	3*CONSEIL. TECH. COOPER. *
2*MAGISTRATS TGI ET TI *	2*TELECOMMUNICATIONS *	2*AGENTS MIN/COOPERAT. *
12*AVOCATS *	3*EQUIPEMENT *	1*SPORTIFS/ANC. SPORTIF *
2*NOTAIRES & OFF. MINIS *	5*LOGEMENT/URBANISME *	3*ANIM. CLB/ASS/FD/ED. S *
2*CONSEIL D'ETAT *	2*PROMOTEURS CONSTRUCT *	5*PRESSE ECRITE *
2*ADM. JUDIC/PENITENT. *	3*TRANSPORTS AERIENS *	4*AUDIOVISUEL *
1*TRIBUNAUX/COMMERCE *	4*TRANSPORTS TERRESTRES *	8*RESP. NAT./ANC. COMBAT *
5*AGENTS CV. MI/DEFENSE *	2*ARCHITECTES *	4*RESP. LOC/ANC. COMBAT *
8*INDUSTRIELS IND/DEF. *	4*ACT. LIEES/TOURISME *	10*DEPORTES/INTERN. RES. *
4*AMBASSADEURS *	3*AUT. AG M/EQ. LG. TR. TO *	2*PERSONNELS PARLEMENT *
2*CONSULS *	1*TRANSPORTS MARITIMES *	10*ANC. PARLEMENTAIRES *
1*AUTRES PERS. EN POSTE *	2*ARTISANS *	1*RAPATRIES *
5*PROF. ENSEIG. *	1*CHAMBRE DES METIERS *	4*ACTION HUMANITAIRE *
6*DIR. ETABL. SCOLAIRES *	3*RESPONS. SYNDICAUX *	3*AGENTS/SERV. 1ER MIN. *
1*RECTEURS *	1*CONSEILLERS PRUD'HOM *	
2*CORPS D'INSPECTION *	1*FORMATION PROFES. *	

NDLR : Pour illustrer au mieux la variété et la diversité des mérites éminents que récompense la Légion d'honneur, il fallait, bien sûr, citer des noms, rappeler des états de service…

Malheureusement, les dimensions d'un tel ouvrage ont imposé des choix, sans doute justes à l'égard des « cités », mais injustes à l'égard des autres…

Que ceux-ci veuillent bien excuser les auteurs. Qu'ils sachent du moins que ces choix douloureux sont le meilleur témoignage de la richesse du premier Ordre national.

Dans une grande nation, il n'y a pas que les hommes qui soient dignes de la reconnaissance nationale. Il existe aussi des personnes morales consacrées par les institutions et les traditions, ainsi que les collectivités, lesquelles, à certaines heures de fléau ou de danger public, rendent au pays les plus signalés services.
Aussi, des villes, des drapeaux et des formations, des Ecoles militaires et civiles ainsi que des Groupements divers ont-ils été décorés de la Légion d'honneur pour perpétuer la mémoire des actes de résistance ou de courage accomplis, ou des sacrifices et des drames vécus à un moment ou à un autre de notre histoire. Ils sont répertoriés ici.

VILLES DECOREES DE LA LEGION D'HONNEUR

CHALON-SUR-SAONE (1815)
SAINT-JEAN-DE-LOSNE (1815)
TOURNUS (1815)
ROANNE (1864)
CHATEAUDUN (1877)
BELFORT (1896)
RAMBERVILLERS (1896)
SAINT-QUENTIN (1897)
DIJON (1899)
BAZEILLES (1900)
LILLE (1900)
PARIS (1900)
VALENCIENNES (1900)
LANDRECIES (1900)
SAINT-DIZIER (1905)
PERONNE (1913)
VERDUN (1916)
BITCHE (1919)
REIMS (1919)
DUNKERQUE (1919)
PHALSBOURG (1919)
STRASBOURG (1919)
ARRAS (1919)
LENS (1919)
CAMBRAI (1919)
DOUAI (1919)
LONGWY (1919)
BAPAUME (1919)
NANCY (1919)
METZ (1919)
BETHUNE (1919)
SOISSONS (1920)
THIONVILLE (1920)
NOYON (1920)
CHATEAU-THIERRY (1920)
MONTDIDIER (1924)
NOMENY (1928)
BADONVILLER (1929)
GERBEVILLER (1930)
AUDUN-LE-ROMAN (1930)
LONGUYON (1930)
PONT-A-MOUSSON (1930)
ALBERT (1932)
BOULOGNE-SUR-MER (1947)
CALAIS (1947)
BREST (1948)
ABBEVILLE (1948)
AMIENS (1948)
CAEN (1948)
SAINT-LO (1948)
SAINT-MALO (1948)
FALAISE (1948)
EVREUX (1948)
ARGENTAN (1949)
ASCQ (1949)
ETOBON (1949)
LE HAVRE (1949)
LORIENT (1949)
ORADOUR-SUR-GLANE (1949)
ROUEN (1949)
SAINT-DIE (1949)
SAINT-NAZAIRE (1949)
LYON (1949)
BEAUVAIS (1957)

VILLES ETRANGERES

LIEGE (1914)
BELGRADE (1920)
LUXEMBOURG (1957)
STALINGRAD (1984)

DRAPEAUX DE REGIMENTS DECORES DE LA LEGION D'HONNEUR

2e REG. DE ZOUAVES (1880)
76e REG. D'INFANTERIE (1880)
BATAILLON DE CHASSEURS A PIED (1880)
3e REG. DE ZOUAVES (1880)
1er REG. DE CHASSEURS D'AFRIQUE (1880)
3e REG. DE TIRAILLEURS ALGERIENS (1880)
99e REG. D'INFANTERIE (1880)
51e REG D'INFANTERIE (1880)
57e REG. D'INFANTERIE (1880)
2e REG. DE TIRAILLEURS ALGERIENS (1902)
1er REG. ETRANGER D'INFANTERIE (1906)
1er REG. D'INFANTERIE COLONIALE (1910)
1er REG. D'ARTILLERIE COLONIALE (1910)
1er REG. DE TIRAILLEURS SENEGALAIS (1913)
137e REG. D'INFANTERIE (1914)
24e REG. D'INFANTERIE COLONIALE (1914)
298e REG. D'INFANTERIE (1914)
REG. D'INFANTERIE COLONIALE DU MAROC (1916)
REG. DE MARCHE DE LA LEGION ETRANGERE (1917)
23e REG. D'INFANTERIE (1919)
26e REG. D'INFANTERIE (1919)
152e REG. D'INFANTERIE (1919)
153e REG. D'INFANTERIE (1919)
4e REG. DE MARCHE DE ZOUAVES (1919)
8e REG. DE MARCHE DE ZOUAVES (1919)
9e REG. DE ZOUAVES (1919)
4e REG. DE MARCHE DE TIRAILLEURS INDIGENES (1919)
7e REG. DE MARCHE DE TIRAILLEURS (1919)
4e REG. MIXTE DE ZOUAVES TIRAILLEURS (1919)
43e REG. D'INFANTERIE COLONIALE (1919)
BATAILLON DES FUSILIERS MARINS (1919)
8e REG. D'INFANTERIE (1920)
GROUPE NORMANDIE-NIEMEN (1945)
GROUPE DE CHASSE ALSACE (1945)
GROUPE DE BOMBARDEMENT LORRAINE (1945)
1er REG. DE TIRAILLEURS ALGERIENS (1948)
1er REG. DE TIRAILLEURS MAROCAINS (1949)
2e REG. D'INFANTERIE COLONIALE (1952)
GOUMS MAROCAINS (1952)
1re BRIG. DE PARACHUTISTES COLONIAUX (1955)
SOUS-MARIN *NARVAL* (1960)

DRAPEAUX DE FORMATIONS MILITAIRES

AVIATION AEROSTATION (1923)
ARME DU TRAIN (1930)
GENDARMERIE DEPARTEMENTALE (1930)
GARDE REPUBLICAINE :
1er REG. D'INFANTERIE (1928)
2e REG D'INFANTERIE (1973)
REG. DE CAVALERIE (1928)
POLICE DE PARIS (1944)

SAPEURS-POMPIERS

PARIS (1902)
REIMS (1919)
STRASBOURG (1930)
LYON (1930)
MULHOUSE (1946)
ROUEN (1954)
LE HAVRE (1954)

ECOLES MILITAIRES

ECOLE SPECIALE MILITAIRE (1914)
ECOLE POLYTECHNIQUE (1914)
ECOLE MILITAIRE D'INFANTERIE DE SAINT-MAIXENT (1922)
ECOLE D'APPLICATION DE CAVALERIE (1922)
ECOLE NAVALE (1922)
ECOLE MILITAIRE D'APPLICATION DU GENIE (1926)
ECOLE SUPERIEURE DE GUERRE (1934)
ECOLE DU SERVICE DE SANTE MILITAIRE DE LYON (1934)
ECOLE PRINCIPALE DU SERVICE DE SANTE DE LA MARINE DE BORDEAUX (1934)
PRYTANEE MILITAIRE (1935)
ECOLES MILITAIRES PREPARATOIRES (1936)
ECOLE MILITAIRE D'ARTILLERIE (1938)
ECOLE D'APPLICATION D'ARTILLERIE (1938)
ECOLE DE L'AIR (1946)
ECOLE D'APPLICATION DU SERVICE DE SANTE MILITAIRE (1951)
ECOLE D'APPLICATION DU SERVICE DE SANTE DES TROUPES COLONIALES (1952)
ECOLE DES MOUSSES (1954)
ECOLE MILITAIRE DES CADETS DE LA FRANCE LIBRE (1955)
ECOLE DES APPRENTIS MECANICIENS DE LA FLOTTE (1958)
ECOLE MILITAIRE D'INFANTERIE DE CHERCHELL (1963)
ECOLE MILITAIRE DE L'AIR (1963)

ECOLES MILITAIRES ETRANGERES

ECOLE DE WEST POINT (1949)
ACADEMIE NAVALE D'ANNAPOLIS (1949)
ACADEMIE DE L'ARMEE DE L'AIR AMERICAINE (1949)
ECOLE DES ELEVES OFFICIERS DE DAR EL BEIDA (1956)

ECOLES CIVILES DECOREES DE LA LEGION D'HONNEUR

ECOLE CENTRALE DES ARTS ET MANUFACTURES (1929)
ECOLE NATIONALE DES EAUX ET FORETS (1930)
UNIVERSITE DE NANCY (1932)
ECOLE NATIONALE SUPERIEURE DES MINES DE PARIS (1933)
ECOLE NATIONALE SUPERIEURE DES MINES DE SAINT-ETIENNE (1933)
ECOLE SUPERIEURE NATIONALE DES BEAUX-ARTS (1934)
ECOLE NATIONALE DES PONTS ET CHAUSSEES (1934)
ECOLE DE CHIMIE INDUSTRIELLE DE LYON (1934)
ECOLE NATIONALE D'ARTS ET METIERS (1934)
ECOLE COLONIALE ENFOM (1934)
INSTITUT NATIONAL AGRONOMIQUE (1935)
ECOLE DES HAUTES ETUDES COMMERCIALES DE PARIS (1935)
CONSERVATOIRE NATIONAL DE MUSIQUE ET D'ART DRAMATIQUE (1935)
ECOLE NATIONALE DES CHARTES (1935)
ECOLES NATIONALES D'AGRICULTURE DE GRIGNON, MONTPELLIER ET RENNES (1935)
ECOLE NATIONALE SUPERIEURE DE L'AERONAUTIQUE (1937)
ECOLES TECHNIQUES DES MINES D'ALES ET DE DOUAI (1937)
ECOLE NATIONALE PROFESSIONNELLE D'ARMENTIERES (1938)
ECOLE NATIONALE SUPERIEURE DES PTT (1938)
ECOLES NATIONALES VETERINAIRES D'ALFORT, LYON ET TOULOUSE (1939)
ECOLE COLONIALE D'AGRICULTURE DE TUNIS (1950)

COLLECTIVITES DECOREES DE LA CROIX DE CHEVALIER DE LA LEGION D'HONNEUR AU TITRE DE DIFFERENTS MINISTERES

CROIX-ROUGE FRANÇAISE (1946)
RESEAU « RESISTANCE PTT » (1946)
ABBAYE DE NOTRE-DAME DES DOMBES (1948)
SNCF (1949)

LES MAISONS D'ÉDUCATION DE LA LÉGION D'HONNEUR

« Je suis de la race des Césars, de celle qui fonde… » disait Napoléon. La Légion d'honneur et ses Maisons d'Éducation, toujours vivantes, 200 ans plus tard, en témoignent aujourd'hui.

RAPPEL HISTORIQUE

Le 24 frimaire an XIV (15 décembre 1805), de son quartier de Schönbrunn, Napoléon Ier décrétait l'établissement des Maisons impériales d'Éducation pour les filles des Légionnaires civils et militaires. La première de ces maisons fut ouverte au château d'Écouen en 1807 et dirigée par Madame Campan, première Surintendante.

La Légion d'honneur évoque d'abord pour moi la récompense en tant que telle — celle à laquelle tous peuvent prétendre, pourvu qu'ils aient prouvé, sous quelque forme que ce soit leur dévouement au bien public. Peut-on rêver principe plus noble ? Peut-on rêver émulation plus féconde ? On se sent parfois un peu gêné d'être fier d'une décoration, comme s'il ne s'agissait que de vanité ; mais l'on a tort : la santé d'un pays gagne à de telles fiertés.

Et puis — je l'ai découvert plus tard — la Légion d'honneur est aussi une famille. Sans parler des occasions de rencontres (ou bien des connivences qui naissent d'un regard discret vers une boutonnière), j'ai été émue par la Maison d'Éducation de Saint-Denis. Et, depuis que j'y suis allée, la Légion d'honneur n'évoque plus seulement, pour moi, l'éclat des hautes distinctions, brillant sur les costumes de cérémonie, mais les visages heureux et ouverts de ces jeunes filles qui trouvent là une formation admirable, à l'abri de toutes les misères et de tous les désordres. Chaque fois que j'y pense, j'en ai le cœur réconforté.

Jacqueline de Romilly
de l'Académie française
Commandeur de la Légion d'Honneur

Jacqueline de Romilly
de l'Académie française
Grand Officier de la Légion d'honneur

Portrait de Madame Campan
par Marie-Éléonore Godefroy (1778-1849)

Le château d'Écouen

Saint-Denis

Le comte de Lacépède, premier Grand Chancelier de la Légion d'honneur, aidé par Madame du Bouzet, seconde Surintendante, fit installer la deuxième maison dans l'abbaye de Saint-Denis en 1810, conformément au décret impérial du 25 mars 1809.

Les Loges

Pour célébrer la naissance de son fils, futur Louis XIV, à Saint-Germain le 5 septembre 1638, Anne d'Autriche avait fait élever à proximité de la chapelle de Saint-Fiacre un couvent des Augustins, dont les bâtiments encore debout en 1811 furent destinés par Napoléon Ier à l'internat d'orphelines. Cet orphelinat confié, avec deux autres, aux religieuses de la congrégation de la Mère de Dieu, fut dès l'origine placé sous la tutelle du Grand Chancelier. A la mort de Madame de Lezeau, dernière supérieure de la congrégation, l'orphelinat des Loges devint la troisième Maison d'Éducation de la Légion d'honneur.

Entièrement reconstruite sous Napoléon III, puis enveloppée de constructions nouvelles en 1962, la Maison des Loges accueille depuis lors, le premier cycle de l'enseignement secondaire (la Maison d'Écouen étant transformée en Musée national de la Renaissance).

Portrait d'une élève de Nacarat
Anonyme, début du XIXe siècle

Des générations de demoiselles : filles, petites-filles et depuis peu arrière-petites-filles de Légionnaires se sont donc succédé dans ces Maisons d'Éducation.

Les descendantes des membres de l'Ordre national du Mérite y sont également admises depuis 1987.

Ces Maisons ont survécu à tous les régimes politiques sous deux Empereurs, trois Rois et quatre Républiques. Elles gardent en mémoire l'esprit du fondateur qui comblait un vide en matière d'éducation féminine.

L'institution s'inspirait du Saint-Cyr de Madame de Maintenon, par un enseignement simple destiné à des jeunes filles de condition modeste.

De la IIIe République à nos jours, les Maisons devinrent pédagogiquement plus exigeantes. Elles gagnèrent en prestige, tout en continuant d'être égalitaires, de répondre aux besoins des familles nombreuses, de celles dont un ou deux parents sont décédés, de celles dont les parents sont mutés à l'étranger, afin d'offrir à toute jeune fille qui en aurait besoin, le cadre qui lui permettra de s'instruire et de s'épanouir.

Les demoiselles de la Légion d'honneur « aujourd'hui »

DES CADRES DE VIE PRESTIGIEUX

Le cadre monumental de Saint-Denis surtout, manifeste l'étroite imbrication du neuf et de l'ancien.

Saint-Denis (vue aérienne)

Une haute demeure ci-devant abbatiale curieusement construite en forme de H, un bas édifice scolaire dessinant les deux branches d'un L, rassemblés depuis peu par l'histoire, flanquent au sud la basilique de Saint-Denis-en-France.

Héritière par grâce de l'Empereur Napoléon Ier des Bénédictins de Saint-Maur, la Grande Chancellerie de la Légion d'honneur veille, dans ces deux bâtiments d'architecture classique et contemporaine, au bon fonctionnement d'un « lycée » pas tout à fait comme les autres.

Saint-Denis : la grille du cloître avec la Vierge à l'enfant de Surugue

Saint-Denis : la basilique vue de la Maison d'Éducation de la Légion d'honneur

Saint-Denis : le cloître, aile des pianos

Saint-Denis : façade principale

Vue du scolaire, de la cours des quinquonces et de la basilique de Saint-Denis

Plus de 500 jeunes filles résident dans cet ensemble abbatial adossé à l'église cathédrale gothique, où reposent les Rois de France.

Franchir les hauts murs de cet espace clos donne l'impression de remonter le temps. La solennité des bâtiments abbatiaux lentement reconstruits au XVIIIe siècle, sur les plans du premier architecte du Roi, Robert de Cotte, leur classicisme pur discrètement orné de rocaille, le calme exceptionnel du parc d'environ 20 hectares, contrastent fortement avec le marché voisin très bigarré et le centre commercial qui le borde. Le grand prieur de l'abbaye, Augustin de Loo, eut sous Louis XIV l'initiative de cette reconstruction. L'architecte Charles Bonhomme poursuit les travaux (cloître, escaliers) sous la direction de Jacques Gabriel qui avait remplacé Robert de Cotte. La nouvelle abbaye, terminée en 1782, désaffectée dix ans plus tard, fut une première fois sauvée de la démolition quand Napoléon l'attribua à la Légion d'honneur, épargnée une seconde fois par le classement des bâtiments comme monuments historiques en 1927.

Saint-Denis : façade sud vue de la pièce d'eau du scolaire

Les bâtiments des Loges, sont environnés d'un beau cadre forestier. Sur les sables et graviers de la rive gauche de la Seine, dans la seconde boucle du fleuve en aval de Paris, s'étendent environ trente kilomètres carrés de beaux peuplements, ceux de la forêt de Saint-Germain replantée par Le Nôtre au XVIIe siècle. Chênes, charmes, bouleaux, châtaigners, hêtres et pins ombragent encore les routes forestières, particulièrement l'allée des Loges, qui menait du Château de Saint-Germain au sanctuaire de Saint-Fiacre, bâti sur ordre de Louis IX. La fête foraine des Loges, trouve son origine dans ce pèlerinage.

Les Loges (vue aérienne)

Près de 500 jeunes filles vivent également en ces lieux, au cœur de la forêt de Saint-Germain.

Chaîne des adieux dans la cour d'honneur des Loges. Départ pour les vacances d'été 2002

DES CADRES DE TRAVAIL ET DE VIE MODERNISÉS

A Saint-Denis

L'enseignement est dispensé dans un bâtiment scolaire qu'inaugura le Président François Mitterrand en 1985. Cette construction très moderne occupe l'ancien potager des moines, situé au sud de l'abbaye, en contrebas.

Les architectes Costantini et Regembal l'ont ordonnée autour d'un grand parterre, que longent sur deux côtés – en forme de L –, les locaux scolaires, doublés d'un promenoir de métal et de verre. Les salles de sciences et les bureaux de l'administration sont disposés au nord, de part et d'autre des embranchements d'accès à la cour des Quinconces, – une des trois cours de l'ancienne abbaye –. A l'ouest, du côté de la ville, sont aménagés les amphithéâtres d'enseignement général répartis en trois groupes, – les trois niveaux d'enseignement – de huit unités ouvrant sur des patios. Vers l'est, le parterre s'ouvre largement sur les frondaisons du parc, au-delà des buttes engazonnées modelées dans les déblais réemployés in situ. Vers le sud se déploie un théâtre de plein air, tandis qu'en terrasse trois tonnelles architecturées surmontent le bâtiment des classes.

Saint-Denis : une salle de classe

Saint-Denis : accès au scolaire

Les demoiselles ont le privilège d'être invitées aux séances solennelles de l'Institut

Saint-Denis : le déambulatoire du scolaire

Saint-Denis : le cloître

Mais les bâtiments où vivent les élèves avaient aussi grand besoin d'être aménagés et restaurés. Une deuxième phase de rénovation a donc été entreprise qui visait à aménager l'intérieur de l'abbaye, à le rendre plus convivial tout en respectant bien sûr la noblesse et la majesté des lieux. *Cet effort considérable s'est concrétisé entre 1995 et 1999 par la rénovation des trois dortoirs.*

Les façades et jardins du cloître rénovés dans leur beauté originelle entre 1999 et 2002 furent inaugurés dans l'éclat du concert du Président de la République donné à l'occasion du bicentenaire de la Légion d'honneur.

Saint-Denis : dortoir ancien

Saint-Denis : dortoir rénové

Aux Loges, *la cour d'honneur, les dortoirs et la chapelle connaissent des aménagements permanents.*

Des travaux considérables ont été réalisés au début des années 1960 afin de construire des bâtiments scolaires tout neufs, capables d'accueillir les élèves d'Écouen, à la fermeture de cette Maison et de permettre un enseignement rationnel et de qualité dans ce nouveau collège.

Les Loges : le groupe scolaire

Les Loges : la cour d'honneur, la chapelle

LES ÉTABLISSEMENTS AUJOURD'HUI

Les deux Maisons de Saint-Denis et Les Loges forment aujourd'hui un seul établissement public sous l'autorité du Grand Chancelier de la Légion d'honneur et sous la direction de la Surintendante de la Maison de Saint-Denis, assistée par l'Intendante générale des Loges.

Le régime est obligatoirement l'internat.

Les tarifs de pension restent proches de ceux pratiqués dans des établissements similaires. Un système de bourses internes permet d'aider les familles en difficulté.

Le port de l'uniforme est obligatoire et les élèves arborent fièrement les couleurs de leur classe à l'intérieur de la Maison ou dans les cérémonies officielles.

La Maison d'Éducation des Loges à Saint-Germain-en-Laye (BP 8219 - 78108 SAINT-GERMAIN-EN-LAYE Cedex).

Elle regroupe cinq cents élèves de la sixième à la troisième incluse dans un collège tout à fait classique.

Parallèlement des classes maîtrisiennes assurent l'enseignement approfondi de la musique et du chant choral.

LES CEINTURES

Pour permettre de distinguer les différentes classes et égayer la robe d'uniforme, chaque élève porte une ceinture dont la couleur varie selon la classe. Pour les terminales, la ceinture se porte en écharpe passant sur l'épaule droite.

Les sixièmes portent une ceinture verte,

Les cinquièmes une ceinture violette,

Les quatrièmes une ceinture aurore,

Les troisièmes une ceinture bleue,

Les secondes une ceinture nacarat,

Les premières une ceinture blanche,

Les terminales une ceinture multicolore reproduisant les couleurs des six classes précédentes.

Les demoiselles des classes post-baccalauréat vêtues d'un tailleur sombre portent au revers de leur veste une épinglette caractéristique :

– bleue pour les BTS (commerce international),

– jaune pour les classes supérieures littéraires.

RÉSULTATS DU BREVET NATIONAL DES COLLÈGES

AUX LOGES — *NIVEAU COLLÈGE*

ANNÉE	ÉLÈVES INSCRITES	% DE RÉUSSITE
1984-85	171	76,02 %
1985-86	154	76,62 %
1986-87	163	86,50 %
1987-88	132	88 %
1988-89	151	93,37 %
1989-90	128	96,87 %
1990-91	142	96,47 %
1991-92	133	94,7 %
1992-93	132	93,18 %
1993-94	137	95,62 %
1994-95	133	93,23 %
1995-96	129	98,45 %
1996-97	128	98,44 %
1997-98	108	93,46 %
1998-99	136	97,80 %
1999-00	115	98,20 %
2000-01	119	94,91 %
2001-02	128	94,50 %
2002-03	121	93,40 %

Les « vertes » au travail

La Maison d'Éducation de Saint-Denis à Saint-Denis (5, rue de la Légion-d'Honneur - 93200 Saint-Denis).

Elle regroupe cinq cents élèves de la seconde aux classes post baccalauréat ; c'est un lycée d'enseignement général.

Les sections (L - ES - S et STT) sont proposées avec options arts plastiques ou musique et sciences politiques.

– Classes post baccalauréat : lettres supérieures, première supérieure, BTS 1 et 2 de commerce international.

Un court instant de détente pour les « multicolores »

RÉSULTATS DU BACCALAURÉAT

ANNÉE	ÉLÈVES INSCRITES	% RÉUSSITE	MENTIONS			TOTAL
			TB	B	AB	
1986-87	114	86,84 %	0	6	16	22
1987-88	123	94,30 %	3	12	27	42
1988-89	113	94,69 %	1	8	28	37
1989-90	135	91,11 %	1	11	28	40
1990-91	116	91,18 %	1	8	39	48
1991-92	126	93,64 %	1	14	36	51
1992-93	134	90,30 %	3	15	31	49
1993-94	135	95,55 %	1	10	40	51
1994-95	120	96,67 %	3	14	37	54
1995-96	121	99,17 %	4	18	43	65
1996-97	121	97,52 %	3	21	34	58
1997-98	134	96,26 %	5	16	43	64
1998-99	103	91,26 %	7	8	32	47
1999-00	110	97,27 %	4	13	37	54
2000-01	129	96,12 %	–	24	53	77
2001-02	142	98,59 %	3	23	53	79
2002-03	143	96,50 %	3	18	67	88

PRÉPARATION AU BTS

Deux années de BTS commerce international assurent à une quarantaine d'étudiantes une formation générale en économie, droit des affaires, culture et communication, une formation linguistique (anglais, allemand, espagnol), une formation dans les techniques du commerce international (marketing international, négociation, logistique, financement...), une formation pratique alliant une insertion dans des services d'import-export. Après avoir obtenu leur BTS, de nombreuses élèves continuent leurs études dans diverses écoles supérieures de commerce.

RÉSULTATS DES BTS

Année	Taux de réussite
1991-92	70 %
1992-93	79 %
1993-94	93 %
1994-95	100 %
1995-96	72,7 %
1996-97	80 %
1997-98	94,12 %
1998-99	88,2 %
1999-00	100 %
2000-01	69,2 %
2001-02	95 %
2002-03	85 %

LES CLASSES POST BACCALAURÉAT

A Saint-Denis, la création de classes préparatoires aux grandes écoles littéraires et commerciales entraîna en 1989 l'apparition d'une nouvelle catégorie de demoiselles : de vraies étudiantes traitées comme telles. Pour elles, les conditions d'hébergement et les horaires furent adaptés et des cours spéciaux dispensés à Saint-Denis, derrière les hautes baies du bâtiment circulaire nord de la cour d'honneur.
Pour ces étudiantes, logées en chambres à deux lits, les sorties sont autorisées après les cours, soit pour des achats personnels dans Saint-Denis, soit pour le travail en bibliothèque (municipale, universitaire à Beaubourg, dans le Quartier Latin). Des coins cuisine permettent aux études de se prolonger avec ou sans ordinateur jusqu'à minuit.

QUEL AVENIR APRÈS LE BAC ?

– 12 % restent sur les filières courtes (IUT - BTS)

– 45 % se dirigent vers les études universitaires (DEUG - Licence - Maîtrise)

– 30 % entrent dans les classes préparatoires aux grandes écoles, tout en s'inscrivant à l'Université

– 10 % suivent d'autres filières longues (Médecine - Pharmacie...)

Au total, de nombreuses bachelières restent encore deux ans à Saint-Denis après l'obtention du BAC pour y faire soit un BTS de Commerce International soit Hypokhâgne et Khâgne.

La photo souvenir des « post baccalauréat »

FONCTIONNEMENT

Aux Loges comme à Saint-Denis, les professeurs détachés du ministère de l'Éducation nationale auprès de la Grande Chancellerie, appliquent les programmes conformément aux directives ministérielles. Le suivi pédagogique des élèves est très soigneusement assuré. Les sections post baccalauréat tendent à élever encore le niveau de l'établissement, tout en l'ouvrant davantage sur l'Université et le marché du travail. Une charte de vie scolaire à Saint-Denis, un règlement intérieur aux Loges concilient harmonieusement le respect des traditions, une discipline librement consentie et une ouverture sur l'extérieur. La valeur du personnel d'encadrement, les habitudes d'ordre, de ponctualité, de politesse et respect d'autrui contribuent aux bons résultats. L'association des parents d'élèves des Maisons d'Éducation de la Légion d'honneur est partie prenante dans cette démarche (1).

Les deux Maisons accordent à l'enseignement des arts dramatiques et plastiques une place privilégiée, ainsi qu'à la musique : création de la Maîtrise des Loges en 1981, aménagement en 1987 de studios de musique remarquables par leur confort acoustique, leur regroupement spatial, leur transparence... restauration en 1989-1990 de la salle des fêtes de Saint-Denis en dessous des studios dans son état de la fin du XIXe siècle, concert annuel offert au Président de la République, prestations dans diverses manifestations...

Un outil moderne pour une « aurore »

« Violettes » en étude

LES CHARGÉES D'ÉDUCATION

Les Maisons d'Éducation disposent d'un corps de fontionnaires reconnus par la fonction publique depuis mai 1988.

Héritières des « Dames Éducatrices » mises en place dès la création des Maisons, les « Chargées d'Éducation » assurent, comme autrefois l'encadrement des élèves en dehors des heures d'enseignement et le service de nuit.

Elles exercent également des activités socio-éducatives et pédagogiques en collaboration avec les professeurs et peuvent être chargées de travaux de documentation et de bibliothèque. En outre, elles participent aux différents conseils, en particulier aux conseils de classe.

Auxiliaires précieuses du chef d'établissement, elles vivent très proches de leurs élèves, facilitant leur travail scolaire et leur bonne adaptation à la vie d'interne. Elles sont le lien indispensable et permanent entre élèves, parents et professeurs.

Détente

Atelier d'art plastique

(1) APE.MELH - 5, rue de la Légion-d'Honneur - 93206 Saint-Denis Cedex 01

LES DEMOISELLES DE LA LÉGION D'HONNEUR LÉGENDES ET RÉALITÉS

Extraits de la conférence d'Elvire de Coetlogon, Intendante générale de la Maison d'Éducation de la Légion d'honneur des Loges, prononcée au Cercle Interallié (1989)

Mesdames, Messieurs du Cercle Interallié, du Nouveau Cercle de l'Union, chers amis.

Vous formez un auditoire de haute culture et nombre d'entre vous portent la Légion d'honneur. Je n'ai donc sans doute que peu de choses à vous apprendre. Ou bien, qui sait ? On n'a pas souvent raconté de l'intérieur ces célèbres Maisons d'Éducation de la Légion d'honneur. On voit disparaître le dimanche soir ou le lundi matin 900 gamines en jeans, blouson et baskets, derrière de lourds portails surmontés de drapeaux ; on les voit reparaître en robe bleu marine à ruban le mercredi après-midi dans les boutiques de Saint-Germain, ou bien elles surgissent tout à coup au garde-à-vous sur les écrans de télévision. On sait que le Président de la République se déplace pour elles et que toutes réussissent leur examen. Toutes ou presque. Ça, on le sait. Mais le recrutement particulier, l'uniforme, la non-mixité, les hauts murs, tout cela suscite la méfiance et l'incompréhension, entretenant des légendes sans fin. Comme toutes ces légendes, les nôtres ont leur part de vérité historique. Mais, si nos traditions sont tenaces, nous sommes, croyez-le bien, résolument tournés vers le XXIe siècle. Cela n'est pas mal pour des Maisons qui auront bientôt deux cents ans, dont Lacépède, premier Grand Chancelier, écrivait à Napoléon que « dussent-elles ne durer que 30 ans, elles auraient déjà rendu les plus grands services à la France ».

Elles sont 900, filles des membres de l'Ordre du Mérite, ou bien filles ou petites-filles de membres de l'Ordre de la Légion d'honneur, qui met à leur disposition la somptueuse abbaye royale de Saint-Denis, ses bâtiments scolaires ultra-modernes, et la Maison des Loges au milieu de la forêt de Saint-Germain. Elles ont de 10 à 19 ans. Elles sont nommées élèves sur dossiers par le Grand Chancelier, et envoyées, les grandes à Saint-Denis, où est la Surintendante, tandis que les plus jeunes, de la 6e à la 3e, sont reçues par moi à Saint-Germain. Il y a abondance de candidatures pour le second cycle et les classes préparatoires de Saint-Denis. Il y a peu de candidatures en 6e et 5e.

On retrouve à chaque commission d'entrée quelques orphelines, toujours prises en priorité, et à titre gratuit si faire se peut. Toujours une certaine proportion de cas familiaux douloureux.

On retrouve aussi une constante d'environ 1/3 de familles de l'armée. Les autres viennent de tous les horizons socio-professionnels (pour parler « hexagonal »), quoique la fonction publique reste très représentée. Dans notre société mouvante, le fait qu'un grand-père ait la Légion d'honneur ne laisse en rien présager, ni matériellement ni même moralement de ce que sera l'entourage de sa petite-fille. Tout cela donne un mélange vigoureux où chacune trouve son compte.

Géographiquement aussi, nos élèves viennent de tous les horizons. Même si les 3/4 habitent désormais la région parisienne, les autres arrivent de toute la France et du monde entier. Il n'est pas simple de priver de sortie une élève insupportable qui vous tend son billet d'avion pour un week-end à Libreville et vous demande au contraire de le rallonger un peu. Il est plus compliqué de mettre sa fille en pension à Saint-Germain quand on habite le Maine-et-Loire ou l'Ariège et que les finances familiales ne sont pas brillantes. Mais le plus compliqué de tout, paradoxalement, semble être de rejoindre Saint-Germain ou Saint-Denis dans les embouteillages du dimanche soir et du lundi matin. Les familles de nos élèves en savent quelque chose, et nous aussi qui attendons !

J'ai dit qui elles étaient, d'où elles venaient. A présent, voyons ce qu'elles font.

Elles suivent, de 8 heures à 16 heures environ, les programmes de l'Éducation nationale, d'où viennent leurs professeurs. Elles ont, dans le premier cycle, des classes maîtrisiennes pour les plus musiciennes. Sinon, les niveaux sont les mêmes que dans n'importe quel établissement public. On distingue les niveaux par des ceintures de couleur, qui ont toujours été dans le même ordre : vert, violet, aurore, bleu, nacarat, blanc. Enfin, multicolore. Les classes de préparation portent un ensemble bleu marine dont la veste est ornée d'une barrette jaune ou bleue.

Chaque classe est confiée à une « Éducatrice », qui sert un peu de maman-relais, si possible de répétitrice. Elle suit ses élèves au dortoir, prend ses repas avec elles, surveille leurs études. S'assure plus ou moins de savoir où elles sont. Car elles courent dans tous les sens, nos élèves. Études d'instruments, chorale, club informatique, visites médicales, bibliothèque, centre de documentation, où arrivent les journaux du jour. Aumônerie, cours de danse, de tennis, d'escrime... Il faut arriver à tout, même si tout se passe sur place. Elles sont *très* occupées. Le mercredi après-midi, une multitude d'activités leur est offerte. Elles voyagent aussi : Berlin, Athènes, Venise. Cette année, on parle de Madrid. Elles vont traditionnellement au Portugal l'été...

Et puis, les réceptions et cérémonies officielles sont multiples. Elles seront même le 16 novembre sur le plateau d'Antenne 2. Que d'occupations !

A 8 heures du soir, leur journée s'achève par les actualités télévisées. A moins qu'il ne se passe quelque chose d'autre dans leurs foyers, soirée vidéo, théâtre, concert, conférence... Il y a même une étude du soir supplémentaire pour les plus studieuses. Et elles sont nombreuses.

Elles disparaissent chaque fin de semaine dans leurs familles ou chez leurs correspondants ; il n'en reste jamais plus d'une vingtaine, aux Loges comme à Saint-Denis. Et on les gâte ! Ce qui fait qu'on ne sait plus quelle punition donner aux élèves qui méritent une « colle ».

Chaque trimestre est partagé en deux « rapports ». C'est-à-dire que Mme la Surintendante ou moi-même, accompagnées du Censeur et de la Surveillante Générale, nous allons de classe en classe, en grande tenue, faire le point avec chacune tour à tour. Les plus méritantes reçoivent une médaille (en fait un nœud de ruban de la couleur de leur ceinture) du niveau de la mention bien au Bac. Croyez-moi, elles y sont très sensibles. L'émulation est considérable entre elles, et la pression est si forte qu'en fin de trimestre ou d'année, elles sont fatiguées. Fatiguées les unes des autres, fatiguées de travailler, fatiguées de se conformer à un règlement.

Mais les résultats sont là : 93 % au Brevet des collèges, pour 76 % alentours ; 96 % au bac, dont 1/3 de mentions.

Lors d'une remise des prix solennelle, où elles reçoivent certes de beaux livres, mais aussi des bourses de voyage ou d'étude, aux USA par exemple, elles écoutent sagement un beau discours d'Académicien ; puis le Grand Chancelier les assure que la Grande Chancellerie les soutiendra toujours, elles se précipitent chez elles en jurant de ne jamais plus porter de bleu marine, de ne jamais repasser le lourd portail surmonté du drapeau. Et là, enfin chez elles, se jetant sur le téléphone, vite, bien vite, elles reprennent contact les unes avec les autres. Voilà, elles sont comme ça, nos élèves des Maisons d'Éducation. Et on les retrouve en septembre, à la rentrée.

Mme Elvire de Coetlogon.

Les échanges scolaires se sont multipliés depuis vingt ans avec divers établissements étrangers (Grande-Bretagne, Allemagne, Portugal, Etats-Unis, Sénégal...) dans le cadre des liens anciens qui existent ou bien au profit des classes européennes. Ainsi les Maisons d'Éducation de la Légion d'honneur tentent-elles de rayonner à l'extérieur, d'anticiper même en matière éducative et culturelle.

Les Maisons dispensent donc une « instruction » de haute qualité. **Mais répondant à leur vocation elles font une grande part à l'éducation dont l'article R. 122 du Code précise « qu'elle a pour but d'inspirer aux élèves l'amour de la Patrie et de la liberté ainsi que le sens de leurs devoirs civiques et familiaux et de les préparer par leur instruction et la formation de leur caractère à s'assurer une existence digne et indépendante ».**

Le concert du Président

CONDITIONS D'ADMISSION
(Art. R. 121 du Code de la Légion d'honneur)

Les Maisons d'Éducation de la Légion d'honneur sont instituées pour assurer l'Éducation de jeunes filles de nationalité française :
– filles, petites-filles et arrière-petites-filles des membres de l'Ordre de la Légion d'honneur ;
– filles, petites-filles et arrières-petites-filles des membres de l'Ordre National du Mérite ;
et, après consultation du Grand Maître de l'Ordre, les filles et petites-filles de légionnaires étrangers.

Les notices relatives à l'admission des élèves sont à demander à la Grande Chancellerie de la Légion d'honneur (1, rue de Solférino - 75007 PARIS) à partir du 1er janvier de l'année souhaitée pour la rentrée scolaire.

Les dossiers de candidature, établis selon les conditions contenues dans la notice, sont à adresser à la Grande Chancellerie pour, au plus tard :
– *le 15 mars*, pour les admissions en classe post baccalauréat (en plus de l'inscription obligatoire auprès du Rectorat) ;
– *le 15 avril*, pour les classes du secondaire.

Une commission siège en *mai* et les décisions d'admission sont communiquées aux parents *début juin*.

« Galette des Rois » Palais de l'Elysée

Participation au « Trophée des Lycées »

La maîtrise des Loges

« Les Demoiselles des Loges »

Les Maisons d'Éducation de la Légion d'honneur ont maintenant deux siècles d'existence et poursuivent toujours le même but, aider les familles en difficulté, celles dont le père est éloigné de France de par sa profession, celles qui disposent de revenus très modestes, ou encore et surtout celles qui en ont vraiment besoin.
Les Maisons d'Éducation sont donc un lieu d'excellence et d'élite, non point par une sélection à l'entrée (elle ne se fait pas que sur le niveau scolaire) mais par le travail qu'on y fait et l'éducation qu'on y reçoit.
Chaque année, mille jeunes filles acceptent de mener cette vie où les habitudes d'ordre, de régularité, de politesse et de respect d'autrui restent essentielles et contribuent à ces résultats exceptionnels.

« Les Demoiselles de Saint-Denis »

A l'issue de leur séjour dans les Maisons d'Éducation, les élèves peuvent adhérer à l'« **Association Amicale des Anciennes Élèves des Maisons d'Éducation de la Légion d'honneur** », fondée en 1892 et reconnue d'utilité publique par décret du 20 juillet 1895. Cette association a pour but :

– de maintenir des relations amicales entre les anciennes élèves ;

– d'assister celles qui éprouvent des difficultés et d'aider les jeunes dans leur établissement.

Les moyens d'action de l'Association sont :

– l'allocation de secours en nature ou en espèces, l'allocation de prêts d'honneur ;

– l'accueil à titre onéreux dans l'appartement de Cannes ou dans les propriétés qui pourraient être léguées à l'Association ;

– l'organisation de ventes de charité et de manifestations culturelles ;

– l'allocation de bourses d'études ;

– l'appui pour la recherche de situation ;

– l'attribution de prix et de récompenses ;

– la publication d'un périodique « Faire équipe ».

Siège : 64, rue de Rome
75008 PARIS

Inauguration de la vente d'entraide des anciennes élèves au Palais de la Légion d'honneur par Monsieur le Grand Chancelier et Mme Bidou, la présidente de l'association

Jeunes et anciennes se réunissent lors de certaines cérémonies

Pierre Subleyras (1699-1749), Le duc de Saint-Aignan remet l'Ordre du Saint-Esprit au prince Vaïni le 15 septembre 1737

LE MUSÉE NATIONAL DE LA LÉGION D'HONNEUR ET DES ORDRES DE CHEVALERIE

Le musée national de la Légion d'honneur et des ordres de chevalerie, inauguré en 1925, est situé face au musée d'Orsay. Il est consacré à l'histoire des ordres et décorations depuis les Croisades jusqu'à nos jours, et tout particulièrement à la création et au développement par Napoléon de la Légion d'honneur et de ses Maisons d'Éducation.

A côté des grands établissements pris d'assaut par des millions de touristes, ce musée, tout aussi prestigieux, apparaît comme infiniment plus modeste. Mais, outre l'emplacement privilégié qu'il occupe, il bénéficie de bien d'autres atouts, et ses visiteurs y découvrent avec un plaisir non dissimulé le charme subtil de ces hôtels particuliers que Paris a su conserver et ouvrir au public ; un accueil personnalisé, si rare dans le monde technocratique d'aujourd'hui, ainsi que des salles d'exposition paisibles, ajoutent autant d'éléments positifs à un musée qui reste éminemment vivant.

LES ORIGINES

Comme nombre d'autres musées - dont le musée historique de l'Armée créé en 1896 -, celui de la Légion d'honneur est né à la fois d'une exposition et de la volonté d'un collectionneur particulier. C'est en effet après l'exposition *La Légion d'honneur et les décorations françaises* qu'il avait organisée au musée des Arts décoratifs en 1911, et qui avait connu un très grand succès, que le photographe et amateur éclairé Maurice Bucquet a l'idée de lui donner un caractère permanent.

De son côté, le Grand Chancelier de la Légion d'honneur, le général Dubail, héros de la Grande Guerre et amateur d'histoire, était tout à fait conscient de l'intérêt majeur que pouvait présenter ce nouveau musée en tant qu'illustration sociale et politique du premier ordre français et de ses origines, au moment où plusieurs dizaines de milliers de nominations résultaient des actions d'éclat tant de militaires que de civils tout au long de la Première Guerre mondiale. Il décide donc d'attribuer au futur musée tout l'espace disponible dans l'aile est du Palais de Salm, espace resté vide après l'incendie de la

Commune, et bordé sur la rue de Bellechasse d'un simple mur extérieur.

Pour construire le musée, le général Dubail lance parmi les légionnaires une souscription nationale qui, en cette période difficile de l'immédiate après-guerre, connaît un insuccès notable. Le projet semble donc condamné lorsqu'un Américain, William Nelson Cromwell, réussit à réunir, en en finançant lui-même une grande part, les quatre cinquièmes du budget total de l'opération, permettant ainsi son achèvement sous la direction de l'architecte Jean de la Morinerie.

Cette tradition de mécénat financier et de dons d'œuvres d'art qui a présidé à la création du musée n'a cessé de jouer depuis lors un rôle de première importance dans son développement ; aujourd'hui encore très vivace, elle continue de constituer un élément fondamental de la vie de l'établissement.

Dans les années qui précèdent l'ouverture du musée, il manquait encore bien des objets pour la mise en œuvre d'un véri-

Grand manteau de Chevalier de l'Ordre du Saint-Esprit, vers 1825 (dépôt du Musée du Louvre, Département des Objets d'art)

table discours à la fois didactique et pédagogique ; mais le regroupement des souvenirs qu'abritait jusqu'alors la Grande Chancellerie avec de nombreux autres dons et dépôts - dont ceux du Mobilier national ou de musées nationaux comme le Louvre, Versailles ou Sèvres - permit de créer avec les collections déjà présentes un ensemble cohérent.

Le musée est ouvert depuis 1925. Il occupe aujourd'hui les mêmes locaux représentant une surface totale de quelque 1 000 m^2, comprenant notamment un vestibule en rotonde donnant accès à deux vastes salons, une galerie en mezzanine et une petite salle au premier étage, qui sont tout particulièrement destinés aux expositions permanentes. Le second étage abrite un centre de documentation consacré à l'histoire des ordres et décorations, unique en son genre et fort apprécié des chercheurs et spécialistes du monde entier. Plus récemment, une petite salle de conférence équipée en vidéo ainsi qu'une partie du sous-sol ont été aménagées, de façon à pouvoir organiser des activités variées.

APERÇU DES COLLECTIONS

Les collections s'organisent en plusieurs secteurs chronologiques ou thématiques qui occupent des espaces bien définis répartis en huit salles. La *Salle des ordres de Chevalerie* permet de voir des objets liés notamment à l'Ordre de Saint-Michel - ordre fondé par Louis XI en 1469 -, à l'Ordre de Notre-Dame du Mont-Carmel - établi par le Pape à l'initiative d'Henri IV en 1608 -, et à l'Ordre de Saint-Louis - premier ordre de mérite français fondé par Louis XIV en 1693 -.

Au fond, la *Salle de l'Ordre du Saint-Esprit* présente, éclairés par fibres optiques selon les techniques les plus modernes, des éléments de costumes de chevaliers de l'Ordre datant de l'époque de Charles X : un collier en or et émaux, un grand manteau brodé de fils d'or, deux costumes, et la masse de l'huissier de l'Ordre. Une vitrine proche montre un dizain en ivoire et or que la tradition dit avoir appartenu à Henri III, créateur de l'Ordre.

Grâce aux tableaux exposés, le visiteur pourra également apprécier à quel point, contrairement à nos ordres actuels, ceux-ci se distinguent par des costumes spécifiques luxueux, qui sont de mise notamment lors de cérémonies fastueuses telles qu'ont pu les représenter Jean-Baptiste Van Loo en 1732 *(L'institution de l'Ordre du Saint-Esprit par Henri III en 1578)*, ou Pierre-Hubert Subleyras en 1737 *(Le prince Vaini recevant les insignes de l'Ordre du Saint-Esprit des mains du duc de Saint-Aignan)*.

Maurice BUCQUET (1860-1921)

Photographe éminent du début du XXe siècle, dont les Salon parisiens se disputent la présence, Maurice Bucquet a notamment présidé le Photo-Club de Paris ; mais il s'est également beaucoup intéressé aux décorations. En 1911, il suscite une importante exposition au musée des Arts décoratifs, sur le thème « La Légion d'honneur et les décorations françaises », et participe activement à son organisation. Il joue dans les années qui suivent un rôle déterminant dans la création du musée national de la Légion d'honneur, auquel il lègue ses collections remarquablement organisées, répertoriées et classées, et toutes photographiées : quelque 2000 décorations, 500 médailles, 1000 volumes, 6000 dessins et estampes, 6000 autographes et documents, et 3000 objets divers viennent ainsi constituer le noyau principal du nouveau musée. Maurice Bucquet était chevalier de l'Ordre de la Légion d'honneur (1900).

William Nelson CROMWELL (1854-1948)

Jurisconsulte américain, William Nelson Cromwell fut l'un des plus puissants avocats d'affaires américains de son temps. Egalement très connu pour sa générosité proverbiale, il joua un grand rôle comme philanthrope et mécène ; il fut notamment l'un des principaux fondateurs du musée national de Légion d'honneur, ainsi que de la Société américaine de la Légion d'honneur à New York, dont il fut le président de 1932 à 1946. Il finança de nombreuses fondations pendant la guerre de 1914-1918, et fit bénéficier le musée de la Légion d'honneur d'une dotation dont les revenus composent encore aujourd'hui une part importante de son budget. Il lui offrit par ailleurs des dons prestigieux dont, par exemple, les baguettes d'honneur du petit tambour d'Arcole. William Nelson Cromwell était Grand-Croix de l'Ordre de la Légion d'honneur (1936).

Un secteur est consacré à l'histoire du Palais de Salm et du musée, et présente notamment, outre une maquette des bâtiments et des documents iconographiques, trois esquisses en terre cuite de Jean-Guillaume Moitte pour les statues décorant la coupole de la façade côté Seine.

De l'autre côté du hall d'entrée, la *Salle de la Légion d'honneur* rappelle tout d'abord les origines de la création de notre premier ordre national. Un glaive de Mars évoque la période révolutionnaire, des armes de récompense celle du Directoire. Bonaparte signe, le 25 décembre 1799, l'arrêté créant les armes d'honneur : une importante collection de ces armes (fusils, mousquetons, sabres), ainsi qu'une trompette d'honneur, des grenades et les célèbres baguettes d'honneur décernées au « petit tambour d'Arcole » sont exposées.

Le reste de la salle est essentiellement consacré à la création en 1802 de la Légion d'honneur par Bonaparte, Premier Consul, dont Antoine Gros a signé un magistral portrait. La scène de la première distribution de la Légion d'honneur sous le dôme des Invalides le 15 juillet 1804, peinte par Jean-Baptiste Debret, témoigne d'un déploiement de fastes qui n'est pas sans rappeler l'Ancien régime. Parmi les souvenirs historiques

Antoine-Jean Gros (1771-1835),
Bonaparte Premier Consul, 1802

Nicolas-Noël Boutet (1761-1833) et fils,
Pistolets offerts par Napoléon au tsar Alexandre Ier, 1808

Louis-Bertin Parant (1768-1851),
La régence du roi de Rome ou l'Impératrice Marie-Louise guidant les premiers pas du roi de Rome, 1813

les plus marquants exposés, signalons la paire de pistolets signé Boutet et l'épée signée Biennais offerts par Napoléon au Tsar Alexandre Ier en octobre 1808, lors de l'entrevue d'Efurt.

C'est aussi sous l'Empire qu'ont été fondées les Maisons d'Éducation de la Légion d'honneur (Écouen, Saint-Denis et Saint-Germain) ; le souvenir de Mme Campan, première Surintendante de 1807 à 1814, est présent grâce à une riche iconographie et par le nécessaire de voyage en argent et vermeil, signé Martin-Guillaume Biennais, que lui offrit la Reine Hortense, protectrice de ces maisons.

Jean-Baptiste Debret (1768-1848). Première cérémonie de remise de la Légion d'honneur par Napoléon aux Invalides, le 15 juillet 1804

Elisabeth Swagers (morte en 1837),
Visite de la Reine Hortense à la Maison d'Education de la Légion d'honneur d'Ecouen, au printemps 1810

Au fond, une seconde salle s'organise autour du portrait de Napoléon en costume du sacre, réplique de l'original de Robert Lefèvre qui, acheté par le musée en 1949, est aujourd'hui déposé à la Grande Chancellerie. A ses pieds se trouvent les trois colliers les plus importants de l'Ordre, qui se répondent par-delà les siècles : celui du Premier Empire (don du Prince Napoléon à l'État), celui de la IIIe République, daté de 1881 (dépôt de la Présidence de la République), et le collier actuel, créé par Raymond Subes et André Arbus et réalisé par Arthus-Bertrand en 1952, celui-là même que reçoit, du Grand Chancelier, le tout nouveau Président de la République, Grand Maître de l'Ordre, lors de son investiture. Deux vitrines présentent des souvenirs de Napoléon (cuirasse et casque d'apparat) et du maréchal Berthier, prince de Wagram (habit de cour, bâton de maréchal, cuirasse et casque d'apparat, et grand collier de la Légion d'honneur).

Jean-Baptiste Claude Odiot (1763-1849),
Ecritoire du roi Jérôme (vers 1812)

Quelques marches mènent à la salle suivante, où l'on peut voir notamment trois autres ordres créés par Napoléon : la Couronne de Fer (exemplaire en diamants du Prince Eugène), la Réunion, et les Trois Toisons d'Or ; non loin sont exposés ceux créés par ses frères (Ordre des Deux Siciles, Ordre Royal d'Espagne, Ordre Hollandais, Ordre de la Couronne de Westphalie). Au centre de la salle est regroupé l'ensemble exceptionnel des décorations de Cambacérès, Archichancelier de l'Empire, duc de Parme, qui ont été intégralement conservées dans leurs écrins d'origine.

Un escalier permet d'atteindre la première salle de la mezzanine, consacrée à la période allant du Second Empire à nos jours, qui a connu un grand développement des types de décorations françaises. Après avoir salué la mémoire d'Angélique Duchemin, veuve Brulon, soldat des armées de la République, sous-lieutenant aux Invalides et première femme décorée de la Légion d'honneur par Louis-Napoléon le 15 août 1851, on pourra admirer la Grand-Croix et la plaque de la Légion d'honneur en or, argent, diamants, émeraudes et rubis, remises par Napoléon III en 1867 au ministre des Finances Eugène Rouher.

Grand-Croix de la Légion d'honneur donnée par Napoléon III à Eugène Rouher (1867)

Des vitrines sont consacrées à la Médaille Militaire (créée en 1852), à la Médaille de Sainte-Hélène, à nombre de médailles de campagne, de récompense et commémoratives. La création de la Croix de Guerre 1914-1918 voisine avec des souvenirs de Lyautey, Foch et Joffre et, un peu plus loin, des évocations de la Croix de Guerre 1939-1945, de la Croix du Combattant 1939-1945, de la Croix de l'Ordre de la Libération établi par le Général de Gaulle en 1941 et décernée pendant cinq ans, et de la Médaille de la Résistance.

Dans le domaine civil, on suit l'évolution des ordres dits « des ministères » créés par la IIIe République et dont le musée continue de refléter l'actualité : réorganisation des ordres des ministères (Palmes Académiques, Mérite Agricole, Mérite Maritime, Arts et Lettres), et création en 1963 d'un nouvel ordre national, l'Ordre du Mérite.

La Salle des ordres étrangers présente une collection exceptionnelle constituée à partir de 1932, reflet de l'intérêt universel suscité par les décorations : des noms mythiques (Toison d'Or, jarretière) voisinent avec les principaux insignes qui ont pu être décernés à travers le monde, comme l'Ordre de l'Éléphant (Danemark), la Victoria Cross et l'Ordre de l'Étoile des Indes (Grande-Bretagne), l'Ordre du Christ (Portugal), l'Ordre de Saint-André (Russie), ou l'Ordre de L'Annonciade (Savoie).

Plaque d'habit et pendentif de dignitaire de l'Ordre de la Couronne de Westphalie du Prince Archichancelier Régis de Cambacérès

Pendentif du collier de l'Ordre de l'éléphant (Danemark), XVIIIe siècle

École maltaise, XVIIIe siècle,
Vue du port de Lavalette

Au premier étage, une dernière salle est consacrée à l'Ordre de Malte, et présente des éléments de la belle collection offerte en 1932 par le comte Michel de Pierredon (croix de Malte en or et émail du XVIe siècle, chapelet en or et émail du XVIIe siècle, pièce de cuirasse gravée de la croix à huit pointes).

Un secteur, réservé à la Grande Chancellerie, permet de mieux connaître les nombreux et vastes champs d'action de cette institution, notamment dans le domaine de l'enseignement (Maisons d'Éducation de Saint-Denis et de Saint-Germain).

ACTIVITÉS CULTURELLES

Nombre d'activités culturelles animent le musée, visites-conférences régulières, ateliers pédagogiques pour les enfants et bien sûr expositions qui, pour certaines, ont connu une notoriété internationale, comme *Napoléon et la Légion d'honneur* (1968), *La Gloire et l'objet* (1975-1976), *Le Prince Impérial* (1979-1980), *L'Aiglon* (1993), *Les Grands Colliers* (1997).

La Société des amis du musée, créée en 1970, reconnue d'utilité publique en 1984, édite aujourd'hui un bulletin ; elle aide considérablement le musée, et participe très activement à ses activités, notamment aux expositions qu'il présente ; elle organise également des conférences et des salons, comme le *Salon du livre d'héraldique, de chevalerie et de généalogie* qui connaît chaque année un succès croissant.

Une boutique propose par ailleurs en permanence un choix important de livres, de catalogues d'expositions, de guides et d'objets souvenirs.

PERSPECTIVES D'AVENIR

Une profonde rénovation est en cours ; elle va contribuer à maintenir le musée national de la Légion d'honneur au niveau tant scientifique que muséographique de ses homologues du monde entier, et lui permettre de mieux répondre à ses missions. En affinant ses concepts et en affichant beaucoup plus nettement son caractère didactique de musée historique et de société, il offrira un double parcours : mise en valeur des pièces les plus exceptionnelles à l'intention du grand public, présentation de séries cohérentes les plus complètes possibles à l'intention des chercheurs et des collectionneurs.

A l'issue de cet effort de rénovation et de restructuration, il pourra se targuer d'être la digne vitrine du plus prestigieux des ordres nationaux, tout en continuant de présenter, pour la formation, la culture et la délectation du plus grand nombre, les récompenses qu'ont su obtenir, par leur mérite personnel, les membres de toutes les collectivités nationales représentées.

Hommage au Général Dubail au château du Val en mai 2002

Général d'armée Dubail (1851-1934) Grand Chancelier de la Légion d'honneur (1918-1934) fondateur de la SEMH

LA SOCIÉTÉ D'ENTRAIDE DES MEMBRES DE LA LÉGION D'HONNEUR

HISTORIQUE

Quand Bonaparte, Premier Consul, créa en 1802 la Légion d'honneur pour récompenser les services civils et militaires exceptionnels rendus à la France, il pensa lui donner les moyens d'une solidarité active par l'instauration des cohortes nationales qui possédaient leurs biens propres, leurs budgets, des logements et un hospice au service des Légionnaires. Elles n'eurent qu'une existence éphémère.

L'autonomie financière des cohortes disparut en 1809 et fut remplacée par une rente d'État au profit des Légionnaires. Les cohortes furent supprimées en 1814.

Le traitement de la Légion d'honneur initialement prévu pour donner aux Légionnaires sinon l'aisance du moins la dignité de vie devint rapidement « une rente symbolique ».

Au lendemain de la Grande Guerre 1914-1918, le Grand Chancelier de l'Ordre de la Légion d'honneur, le général d'Armée Dubail, ému en particulier de la situation matérielle très modeste d'un grand nombre d'anciens combattants Légionnaires ou de leurs veuves, décida en 1921, avec l'approbation du Président de la République, Grand Maître de l'Ordre, de créer la Société d'Entraide des Membres de la Légion d'honneur.

Par ce parrainage, le Grand Chancelier manifestait l'importance qu'il voulait donner au rôle de la Société d'Entraide en matière de solidarité et d'entraide morale et matérielle. Il voulait qu'elle fût non seulement comme un lien symbolique qui rapprocherait les uns des autres tous les Légionnaires mais aussi qu'elle fût la main tendue, une aide, un appui.

LES PRÉSIDENTS DE LA SOCIÉTÉ D'ENTRAIDE DES MEMBRES DE LA LÉGION D'HONNEUR

Grand Chancelier de la Légion d'honneur et créateur de la Société d'Entraide de ses membres en 1921, le général d'Armée Dubail a, en outre, assuré la présidence d'un « comité d'initiative » pendant la période essentielle d'élaboration des statuts de la toute neuve association et de leur présentation aux autorités compétentes.

Dès qu'ils furent approuvés par le Conseil d'État, la Société étant régulièrement constituée, son Conseil d'administration se réunit et élit son premier Président.

Ce fut le recteur Appel, Grand Officier de la Légion d'honneur, recteur de l'université de Paris. Il resta en fonction jusqu'en 1930.

L'amiral Le Bris lui succéda. Grand'Croix de la Légion d'honneur, membre du Conseil de l'Ordre, il décéda au début de l'année 1940.

En raison des circonstances et à la demande expresse du Président de la République, le général d'Armée Nollet, Grand Chancelier de la Légion d'honneur cumula alors les deux fonctions. Cette situation se prolongea jusqu'au début de 1941.

Le gouverneur général Moreau, premier vice-président, déjà mis à contribution depuis juin 1940, assura la présidence à titre intérimaire de janvier à mai 1941.

Le général d'Armée Huré est élu président en mai 1941 et exerce ces fonctions jusqu'au début de l'année 1945.

La succession des Présidents reprit ensuite un cours normal avec :
– le général d'Armée Réquin, Grand'Croix de la Légion d'honneur, de 1945 à 1952 ;
– le médecin général inspecteur Rouvillois, Grand'Croix de la Légion d'honneur, de 1952 à 1961 ;
– le général d'Armée Henri Zeller, Grand'Croix de la Légion d'honneur, de 1961 à 1971 ;
– Monsieur le Préfet honoraire Marcel Flouret, Grand'Croix de la Légion d'honneur, en 1971, ancien président d'E.D.F. ;
– le médecin général inspecteur Louis Petchot-Bacqué, Grand'Croix de la Légion d'honneur, de 1971 à 1988 ;
– le médecin général inspecteur Robert Ronflet, Commandeur de la Légion d'honneur, Grand Officier de l'Ordre national du Mérite, de 1988 à 1996 ;
– le général de Corps d'Armée Arsène Woisard, Grand Officier de la Légion d'honneur, Grand'Croix de l'Ordre national du Mérite, de 1996 à 2002.

La société est présidée aujourd'hui par le général d'Armée Gerin-Roze, Grand Officier de la Légion d'honneur.

BUTS DE LA SOCIÉTÉ D'ENTRAIDE

Rassemblant des membres de la Légion d'honneur, c'est-à-dire, des hommes et des femmes responsables, solidaires, ayant en commun un double souci :

– concourir au prestige de l'Ordre national de la Légion d'honneur partout où ils peuvent exercer leur action ;

– s'entraider mutuellement par une action de proximité permettant de déceler les adhérents dans le besoin.

Elle concourt sur le terrain, à l'action du Grand Chancelier, son président d'honneur qui donne informations et orientations aux principaux responsables notamment lors de son assemblée générale annuelle.

Elle est la seule association regroupant des décorés de la Légion d'honneur, reconnue d'utilité publique.

ORGANISATION - EFFECTIFS - RESSOURCES

Placée sous les présidences d'honneur du Président de la République, Grand Maître de l'Ordre et du Grand Chancelier, la Société d'Entraide des membres de la Légion d'honneur est une association type loi de 1901, fondée en 1921 et reconnue d'utilité publique par décret du 27 mars 1922. Ouverte à tous les membres, civils et militaires, de l'Ordre de la Légion d'honneur et aux veuves de légionnaires, elle est administrée par un conseil d'administration de 21 membres, élus par l'assemblée générale de la société.

Dans chaque département et territoire d'outre-mer et dans 44 pays étrangers, les sociétaires sont groupés en sections articulées en un certain nombre de comités. Au total, 174 sections dont 44 à l'étranger, 741 comités (dont 7 sections en DOM-TOM et 44 sections et 25 comités à l'étranger).

Cette organisation témoigne du rayonnement et du prestige de la Légion d'honneur, tant au plan national qu'au plan international.

Le bureau de chaque section et de chaque comité est élu pour trois ans renouvelables en assemblée générale de section et de comité.

Une communauté nationale doit se faire une haute idée du don. Certes, le sens civique est capable d'inspirer une activité généreuse et désintéressée. Cependant, le fait que soient distingués ceux et celles qui — principalement par leur courage — apparaissent comme de grands serviteurs, établit des liens humains sans quoi se dessèche l'exercice de l'autorité. Donner, savoir donner selon le mérite voilà une preuve de bonne santé sociale.

Le prêtre que je suis n'attache pas tellement d'importance aux récompenses qui viennent des hommes, mais la vie lui a appris à les respecter et à s'en réjouir.

Toutefois, le don exige un accueil approprié. Qu'il s'agissse d'une grâce divine, ou bien, dans le domaine qui nous occupe ici, d'une faveur des dirigeants d'un pays, la reconnaissance doit se traduire, loin de toute vaine gloriole, par un supplément d'amour au service d'autrui.

Père Robert A. M. Carré, O.P.
de l'Académie française

Père Robert A.-M. Carré, O.P.
Commandeur de la Légion d'honneur

LISTE DES SECTIONS DE LA S.E.M.L.H. A L'ÉTRANGER ET EN COURS DE CONSTITUTION

I. *EUROPE* (22)

- Allemagne
- Andorre, rattachée à la section des Pyrénées-Orientales
- <u>Autriche</u>
- Belgique
- Danemark
- Espagne
- <u>Finlande</u>
- Grèce
- <u>Italie</u>
- Luxembourg
- Monaco
- Norvège
- Pays-Bas
- Pologne
- <u>Roumanie</u>
- <u>Royaume-Uni</u>
- Suède
- Suisse
- <u>Turquie</u>
- <u>Estonie</u>
- <u>Hongrie</u>
- <u>République Tchèque</u>

II. *AFRIQUE* (15)

- Centre Afrique
- Afrique du Sud
- <u>Algérie</u>
- Côte d'Ivoire
- <u>Djibouti</u>
- <u>Gabon</u>
- Ile Maurice
- Madagascar
- Maroc
- Niger
- Sénégal
- <u>Seychelles</u>
- Tchad
- <u>Togo</u>
- <u>Tunisie</u>

III. *PROCHE-ORIENT* (2)

- Israël
- Liban

IV. *OCÉANIE* (1)

- Australie

V. *ASIE* (6)

- Corée du Sud
- Hong Kong
- Thaïlande
- Japon
- <u>Laos</u>
- <u>Singapour</u>

VI. *AMÉRIQUE* (7)

- Argentine
- Brésil
- Canada
- Chili
- Mexique
- Pérou
- <u>Colombie</u>

Les sections soulignées sont en cours de constitution.

La Société d'Entraide des membres de la Légion d'honneur a pour ressources :

– les cotisations de ses membres ;

– les dons et legs ;

– les produits de ses placements et des manifestations organisées par les sections et comités.

FONCTIONNEMENT - RÉALISATIONS

Un conseil d'administration responsable :

Pour répondre aux nécessaires besoins de communication et de transparence le conseil d'administration dispose d'aides à la décision. En particulier des commissions, telles que : « Entraide », « Budget, prospective », « Personnes âgées », « Statuts ». Et d'autres plus récentes :

– la commission du patrimoine qui rassemble tous les éléments du patrimoine de la Société, les étudie, en suit l'évolution et prépare pour le conseil d'administration les propositions et décisions utiles ;

– et la commission « information, communication » chargée de dynamiser ce secteur et de satisfaire la légitime demande des sociétaires.

La Société d'Entraide
des Membres
de la Légion d'honneur
compte environ 58 000 membres.

Des structures adaptées

Partout, sur toute l'étendue du territoire national et à l'étranger, les sections et les comités démontrent, par leur présence sur le terrain, que la Société d'Entraide, avec ses 58 013 adhérents constitue bien le relais irremplaçable de la Grande Chancellerie sur le terrain.

Des moyens diversifiés

Concourir au prestige de notre premier Ordre national implique sur le terrain une présence active lors de toutes les grandes commémorations nationales aux côtés des hautes autorités. De même tous les légionnaires veillent à l'application rigoureuse des dispositions du code de la Légion d'honneur qu'ils s'appliquent à eux-mêmes.

Conscients de la nécessité d'établir une communication avec la Nation, les responsables de la Société, en liaison avec l'Éducation nationale participent à l'éducation civique et citoyenne par l'instauration de prix scolaires de la S.E.M.L.H. Et dans ce même esprit a été institué un prix littéraire – le « prix Dubail » qui prendra prochainement le nom de « prix Honneur et Patrie » – décerné par un jury exceptionnel comportant plusieurs membres de l'Académie française.

Enfin la Société édite une revue « La Cohorte », organe de liaison trimestriel entre la Société et ses membres.

LES RÉSIDENCES DE LA SOCIÉTÉ D'ENTRAIDE DES MEMBRES DE LA LÉGION D'HONNEUR

Reconnue d'utilité publique, la Société d'Entraide des Membres de la Légion d'honneur est entrée en possession de demeures destinées par testament à accueillir ses adhérents pour des séjours de durée plus ou moins longue. Cette forme d'entraide collective s'ajoute à l'entraide individuelle qui peut prendre une forme morale ou pécuniaire (allocations, dotation prêts...).

Actuellement au nombre de trois, ces résidences, présentées ci-dessous, ne sont pas médicalisées.

RÉSIDENCE COSTEUR SOLVIANE

Remarquablement située
sur la côte varoise,
en pleine ville, à côté de la gare
et tout près de la plage.

263, boulevard Frédéric-Mistral
B.P. 322
83700 Saint-Raphaël

LE CHÂTEAU DU VAL

Hâvre de repos
dans la forêt de Saint-Germain,
accessible de Paris par le RER
(navettes de la gare au château).

CHÂTEAU DU VAL
B.P. 256
78104 Saint-Germain-en-Laye Cedex

LE CHÂTEAU DE POUY

Maison de vacances à la campagne, la journée y est rythmée par la nature, par la convivialité, par la simplicité, par le partage des arts, par la joie de commencer chaque jour comme une existence entière. L'harmonie architecturale du château, l'eau, les animaux... tout contribue à s'extérioriser, à enrichir notre monde intérieur, une vie intense sans agitation. On en repart en songeant à y revenir.

CHÂTEAU DE POUY
10290 Pouy-sur-Vannes

Revue trimestrielle de la S.E.M.L.H.

La solidarité se manifeste par l'entraide, c'est-à-dire par le geste de celui qui peut aider envers celui qui a besoin d'être aidé — mais on peut aider sous bien des formes : les dons en sont une, très appréciée, mais participer aux activités aux divers échelons, se dévouer à garder le contact avec les solitaires, les malades, les personnes âgées seules... cela aussi relève de la solidarité.

Tout membre de la Légion d'honneur doit nécessairement être conscient (et le demeurer sa vie durant) qu'être entré dans le premier des ordres nationaux suppose en avoir contracté les idéaux d'honneur et les obligations morales qui en découlent nécessairement en toutes circonstances.

Ainsi, la solidarité doit-elle constituer un lien supplémentaire et conduire à placer la notion et le mot d'entraide à la suite de ceux d'Honneur et Patrie, qui, tous deux, constituent la devise inchangée de l'Ordre depuis 1802.

LA SOCIÉTÉ AMÉRICAINE DE LA LÉGION D'HONNEUR ET LE RAYONNEMENT DE NOTRE PREMIER ORDRE NATIONAL AUX ÉTATS-UNIS

La Légion d'honneur fut conférée très tôt à des étrangers, mais il fallut attendre 1853 pour que le premier citoyen américain reçoive enfin le ruban rouge. Depuis, plus de dix mille citoyens des Etats-Unis ont reçu la Légion d'honneur, **ainsi que les trois écoles militaires américaines : l'Académie militaire de West Point pour l'armée de terre, l'Académie navale d'Annapolis pour la marine et l'Académie de l'air à Colorado Springs.**

Les deux guerres mondiales contribuèrent, sans aucun doute, à la renommée de la Légion d'honneur aux Etats-Unis. Tant de jeunes soldats américains revinrent de France en 1918 et en 1945 auréolés de gloire et portant fièrement à leur boutonnière le ruban ou la rosette de moiré rouge, que le nom de notre Premier Ordre National fut désormais associé à la notion de victoire, de courage, et d'héroïsme, comme au temps de l'épopée napoléonienne.

L'Ordre de la Légion d'honneur, étant destiné à rendre hommage au seul mérite individuel, ne pouvait que séduire un pays tel que les Etats-Unis, cette grande démocratie qui sut toujours glorifier et encourager la réussite personnelle en respectant celui qu'elle appelle avec sympathie le ***self-made*** *man.*

Avant même que la France n'y ait songé, quelques légionnaires américains avaient exprimé le désir de fonder une association regroupant ceux qui, parmi leurs compatriotes, avaient été décorés comme eux de la Légion d'honneur. Ils étaient, hélas, encore trop peu nombreux en 1902 quand l'idée en fut émise. Vingt ans devaient s'écouler avant qu'une société américaine de la Légion d'honneur ne voie le jour.

Au lendemain de la Première Guerre Mondiale, en 1919, les Etats-Unis comptaient mille sept cent cinquante citoyens décorés et le sentiment collectif de sympathie ressenti par les Américains envers la France étaient à la mesure des sacrifices mutuels consentis par les deux nations. Cet état d'esprit rendait enfin propice la création de la société américaine de la Légion d'honneur. Elle fut donc constituée en 1992 **pour réunir aux Etats-Unis tous ceux que la France a jugé dignes d'entrer dans la Légion. Elle** demeure, à ce jour, selon le souhait de ses pères fondateurs, l'unique association réunisssant aux Etats-Unis **des Légionnaires, désormais de toutes nationalités.**

En 1967, les membres de la société décidèrent de créer une médaille, la *Medal for Distinguished Achievement,* destinée à reconnaître et à récompenser aux Etats-Unis les services rendus à la Légion d'honneur, à la société et à l'amitié Franco-Américaine. Depuis lors, cette médaille est décernée chaque année à une personnalité éminente.

La société américaine de la Légion d'honneur accomplit encore aujourd'hui, et plus que jamais, ce qui fait sa raison d'être. A travers ses dons, **elle apporte** une contribution non négligeable aux Maisons d'Education, à la Société d'Entraide et au Musée de la Légion d'honneur. Elle favorise également, par le moyen de bourses, le développement d'échanges entre étudiants américains et français.

Guy Wildenstein
Président

N.B. Depuis 1994, *The American Society of the French Legion of Honor* publie un bulletin trimestriel qui est distribué gratuitement à ses membres dans le monde entier.

Portrait du général Pershing
Grand'Croix de la Légion d'honneur
(par : P. Laszlo)

Remise des insignes d'officier de la Légion d'honneur à Mrs Brown par le général Dubail (par : A. Derambez)

Croix de la Légion d'honneur formée devant la tribune présidentielle le 14 juillet 2002, avec la participation des demoiselles de la Légion d'honneur

2002, année du Bicentenaire

Contrairement au premier, qui n'avait pu être fêté dans une France endeuillée par la catastrophe de la Montagne Pelée du 7 mai 1902, le deuxième centenaire de l'Ordre national de la Légion d'honneur a été célébré avec faste, dignité mais aussi chaleur, à Paris, partout en France et même hors de France.

Sous l'autorité du Président de la République, grand maître, ou de ses représentants locaux, ambassadeurs et préfets, la communauté des légionnaires a été largement mise à contribution pour organiser des manifestations visant à mieux faire connaître notre premier Ordre national et à participer à son prestige. L'ensemble a bien évidemment été coordonné par un comité présidé par le grand chancelier.

Cette « légion », rassemblée lors des événements locaux et représentée aux manifestations parisiennes, a d'ailleurs pris conscience de sa véritable identité, chacun ayant le sentiment d'appartenir à la grande « famille légionnaire ».

L'histoire de l'Ordre et la mémoire de toutes les personnes physiques et morales décorées depuis sa création, ont fait l'objet d'une part de colloques et de publications diverses, d'autre part de cérémonies destinées à rendre hommage à tous ceux qui, depuis le fondateur, Napoléon Bonaparte, et le premier grand chancelier, Lacépède, ont vécu en respectant la devise exigeante « Honneur et Patrie ».

L'actualité de l'Ordre et sa modernité ont été mises en évidence à Paris, dans chaque chef-lieu de département, dans chaque institution (ville, école, régiment ou collectivité) décorée et dans de nombreuses capitales étrangères, à l'aide d'expositions, de conférences et d'actions montrant son ancrage dans le pays.

Quant à la pérennité de l'Ordre, elle ressort de la participation des demoiselles des maisons d'éducation de la Légion d'honneur à la majorité des cérémonies, en particulier place de la Concorde, le 14 juillet ou sous l'Arc de Triomphe lors du ravivage de la Flamme, du succès des concours sur l'Honneur organisés dans les lycées, ou encore du choix du nom de « Promotion du bicentenaire de la Légion d'honneur » par les élèves de deux grandes écoles décorées, l'une militaire et l'autre civile.

Enfin un Arbre dit du Bicentenaire a été planté dans chacune des quatre emprises appartenant à la Grande Chancellerie afin d'enraciner visiblement le lien entre le passé de l'Ordre et son avenir.

Réception au Palais de la Légion d'honneur des Corps Constitués en mai 2002

Notre Dame de la Légion d'honneur, timbre du bicentenaire et flamme commémorative

Réception au Palais de l'Elysée par le Président de la République Grand Maître, du Grand Chancelier, du Conseil de l'Ordre, des secrétaires généraux et du Cabinet du Grand Chancelier de la Légion d'honneur à l'occasion des cérémonies du bicentenaire du premier Ordre français

Portrait de Napoléon Ier en costume de sacre par Robert Lefèvre

table des matières

SOURCES ICONOGRAPHIQUES

Grande chancellerie de la Légion d'honneur : p. 2, 3, 8, 9, 12, 18, 23, 24, 26, 27, 28, 33, 43, 56, 58, 59, 61, 64, 67, 72, 77, 78, 79, 81, 82, 83, 84, 85, 86, 87, 89, 90, 91, 102, 118, 119.

Musée de la Légion d'honneur et des Ordres de chevalerie : p. 5, 10, 15, 16, 17, 19, 20, 29, 31, 42, 44, 47, 54, 92, 94, 95, 96, 97, 98, 99, 100, 111, 116.

Palais de l'Elysée : p. 6, 30, 55, 61, 63, 68, 72, 89, 115.

Livre « La Légion d'honneur » Editions Lavauzelle : p. 45, 46, 48, 49, 50, 51, 55, 71.

SIRPA/ECPA-D : p. 48, 65, 66.

Livre « Esprit, splendeur de la Légion d'honneur » Editions Boomerang : p. 25.

SIGMA : p. 52.

Micheline Pelletier (SYGMA) : p. 57.

Ministère de la culture : p. 59, 62.

Ordre de la Libération : p. 65.

Castelet (Boulogne) : p. 79, 80.

Société d'entraide des membres de la Légion d'honneur : p. 108, 109.

Jacques Thibaud : p. 91, 101, 114.

Association des parents d'élèves des Maisons d'Éducation : p. 112.

LAVAUZELLE

Dépot légal : Février 2004